Jon Kabat-Zinn

Wach werden

und unser Leben wirklich leben

Jon Kabat-Zinn

Wach werden und unser Leben wirklich leben

Wie wir Achtsamkeit im Alltag praktizieren

Aus dem amerikanischen Englisch
von Stephan Schuhmacher
und Mike Schäfer

arbor
Arbor Verlag
Freiburg im Breisgau

Die Originalausgabe erschien 2018 unter dem Titel:
Falling Awake. How to Practice Mindfulness in Everyday Life
bei Hachette Books, New York, USA.

Dieses Buch wurde erstmals 2006 als Teil des Buchs
„Zur Besinnung kommen“ im Arbor Verlag 2005 veröffentlicht.

2. Auflage 2021

Titelfoto: ©2019 Samuli Vainionpää/gettyimages.de
Hergestellt von mediengenossen.de
Druck und Bindung: Eberl & Kœsel, Krugzell

Dieses Buch wurde auf 100 % Altpapier gedruckt und ist alterungsbeständig. Weitere Informationen über unser Umweltengagement finden Sie unter www.arbor-verlag.de/umwelt

www.arbor-verlag.de

ISBN 978-3-86781-251-1

für Myla
für Stella, Asa und Toby
für Will und Teresa
für Naushon
für Serena
in Erinnerung an Sally und Elvin
sowie Howie und Roz

und für all jene, denen das am Herzen liegt,
was möglich ist
was ist, wie es ist

die sich bemühen um
Weisheit
Klarheit
Güte
und Liebe

Inhalt

Vorwort

Was meinen wir, wenn wir sagen, wir „kultivieren Achtsamkeit"?

Es ist keine Frage, dass Achtsamkeit eines der Dinge dieser Welt ist, das kontinuierlich in unser Leben einzubeziehen uns Menschen enorm schwerfällt (obwohl sie ja kein „Ding" ist). Und das, obwohl wir sie kosten können und diesen Geschmack sofort wiedererkennen. Jedes Mal.

Die Einladung lautet immer gleich: Halte einen Moment inne – nur einen Moment – und lass dich in die Wachheit *hineinfallen*. Das ist alles. Halt inne und lass los: soll heißen, falle in das Erleben deines Daseins und halte es im Gewahrsein, auch wenn es nur ein winziger Moment ist. Augenblicklich – oder anders ausgedrückt: in diesem zeitlosen Moment namens „jetzt" (dem einzigen Moment, den wir überhaupt jemals haben).

Glücklicherweise gibt es, wenn wir diesen Moment verpassen – weil wir von irgendetwas abgelenkt sind, in Gedanken oder Emotionen verstrickt sind, im Trubel all der Dinge, die scheinbar ständig irgendwie erledigt werden müssen –, den nächsten Moment, in dem wir wieder anfangen können. Anhalten und in die Wachheit fallen, in diesem Moment des Jetzt.

Es scheint so einfach. Ist es auch.

Aber es ist nicht leicht.

Mehr noch, und einmal anders betrachtet: Ein Moment der Achtsamkeit, mit keiner Agenda außer der, bewusst da zu sein, gehört für uns Menschen so ziemlich zu den am schwersten erreichbaren Dingen. Noch schwieriger ist es für uns, zwei Momente der Achtsamkeit aneinander zu knüpfen.

Und doch geht es bei Achtsamkeit paradoxerweise überhaupt nicht darum, irgendetwas zu tun. Im Gegenteil, sie ist ein Nicht-Tun, ein radikales Nicht-Tun. Und in jedem Moment des Nicht-Tuns liegen Friede, Einsicht, Kreativität und neue Möglichkeiten, trotz alter Denk- und Lebens-Gewohnheiten. Genau in diesem, in jedem Moment des Nicht-Tuns sind Sie bereits okay, bereits vollkommen, in dem Sinne, dass Sie vollkommen Sie selbst sind. Und deshalb sind Sie genau in diesem Moment bereits zu Hause, auf eine tiefreichende Art, viel tiefer als alles, was Sie über sich denken, tiefer als die Ideen und Meinungen, die Ihre Perspektive für das große Ganze prägen und manchmal schmerzhaft einengen. Ganz zu schweigen von Ihren eigenen Möglichkeiten, diese Ganzheit zu erleben und davon zu profitieren. Am interessantesten von allen ist die Erkenntnis, dass es keinen „anderen Moment" zu einem anderen Zeitpunkt gibt – außer im Denken. In Wirklichkeit gibt es nur diesen einen Moment, um da zu sein.

All das bedeutet überhaupt nicht, dass Sie im praktischen Leben nichts geschafft kriegen. Im Gegenteil, wenn Ihr Tun wirklich aus Ihrem Sein kommt, wenn es wirklich ein *Nicht-Tun* ist, ist es ein viel besseres Tun und viel kreativer, ja sogar müheloser, als wenn Sie sich ohne kontinuierliches, jeden Moment neues Gewahrsein abmühen, ihre Angelegenheiten auf die Reihe zu bringen. Wenn unser Tun unserem Sein entspringt, wird es ein integrales und intimes Element einer Liebesaffäre mit dem Bewusst-Sein selbst und mit unserer Fähigkeit, diesen Raum in unserem Geist und Herzen zu bewohnen; ihn mit anderen zu teilen, die sich ebenfalls auf diese Art zu leben eingelassen haben – potenziell also mit uns allen.

Und natürlich bedeutet all das überhaupt nicht – und das wird in den vier Bänden dieser Reihe ziemlich detailliert beschrieben –, dass immer angenehm sein wird, was Sie erleben, ob nun in der formellen Meditationspraxis oder in der Entwicklung Ihres Lebens. Kann es nicht sein und wird es nicht sein. Der einzige Grund, warum Achtsamkeit einen Wert hat, ist der: Sie ist voll und ganz dazu geeignet, mit jeder Erfahrung klug umzugehen, egal, ob angenehm, unangenehm oder neutral, erwünscht oder unerwünscht, womöglich auch grauenerregend oder unvorstellbar. Achtsamkeit ist fähig, sich jedem Leid frontal zu stellen und es anzunehmen (wenn und falls es Leiden ist, was Ihr Leben in einem bestimmten Moment gerade dominiert).

In der Schule lernen wir nicht viel über das Nicht-Tun, wenn überhaupt,* aber die meisten von uns haben als Kind Momente eines radikalen Nicht-Tuns erlebt. Eigentlich sogar haufenweise. Manchmal kommen sie als Staunen. Manchmal kommen sie als Spiel. Manchmal entstehen sie als Fürsorge für andere, als ein Moment der Freundlichkeit.

Man könnte es auch so sagen: Bei der Achtsamkeit geht es um das Da-*Sein:* „an-*wesen*-d sein" sein wie in dem Wort „menschliches *Wesen*", und um das Leben, wie es ist, wie es sich hier und jetzt entfaltet und in Gewahrsein umfangen wird. Deshalb ist dazu praktisch keine Anstrengung nötig, weil es ja bereits geschieht. Nötig ist lediglich, im direkten Erleben dieses Augenblicks wohnen zu lernen, wie er auch immer sein mag, ohne dabei notwendigerweise

* Es sei denn, Achtsamkeit ist in den Schulen in Ihrer Gegend Teil des Lehrplans, was hierzulande und weltweit zunehmend der Fall ist.

zu denken, er „gehöre Ihnen“. Auch das „Ihnen“ ist ja letztendlich nur ein Gedankenkonstrukt, wenn Sie es unter das Mikroskop legen und untersuchen. Wenn Sie das tun, entdecken Sie vielleicht: Was Ihrer Meinung nach Ihre Persönlichkeit ausmacht, ist nur ein sehr kleiner und zumindest teilweise unzutreffender Ausschnitt dessen, was Sie tatsächlich sind. In einem einzigen Moment können Sie erkennen, wie riesig die volle Dimensionalität Ihres Wesens wirklich ist. Sie sind bereits ganz, bereits vollständig – so, wie Sie sind. Und gleichzeitig sind Sie Teil eines viel größeren Ganzen, wie immer Sie das auch definieren wollen. Und dieses größere Ganze, nennen wir es einmal „die Welt“, hat diese voll und ganz anwesende, selbstverwirklichte Version Ihrer bitter nötig!

Unsere Ganzheit manifestiert sich im Alltag als Wachheit, als reines Gewahrsein. Unser Gewahrsein ist eine angeborene menschliche Fähigkeit, aber eine, auf die wir kaum achten, die wir kaum würdigen oder zu bewohnen lernen. Ironischerweise aber gehört Sie Ihnen bereits, konventionell gesprochen. Sie wurden mit ihr geboren. Sie müssen sie also nicht erwerben, sondern sich einfach nur vertraut machen mit dieser Dimension Ihres eigenen Wesens. In Ihrer Fähigkeit zum Gewahrsein sind Sie „mehr Sie selbst“, und sie ist nützlicher als praktisch alles andere an Ihnen, einschließlich all Ihrer Gedanken und Meinungen (so wichtig Gedanken und Meinungen sein mögen, solange wir sie nicht glauben und an ihnen als absolute Wahrheiten festhalten).

Und weil das Paradoxe darin liegt, dass wir alle bereits wir selbst sind, in all unserer Fülle, bedeutet das: Im Kultivieren von Achtsamkeit gibt es buchstäblich kein Ziel zu erreichen, nichts zu tun und kein spezielles Erlebnis, das man haben sollte oder verpassen könnte. Die Tatsache, dass Sie in der Lage sind, überhaupt etwas zu erleben, ist an sich schon etwas Besonderes! Ironischerweise jedoch wird diese Tatsache kaum je erkannt, während wir jenem „ganz besonderen Etwas“ nachjagen, das uns irgendwie immer zu entschlüpfen oder uns zu enttäuschen scheint – vielleicht jenem perfekten meditativen Moment (in Ihrer Fantasievorstellung davon, was bei Meditation herauskommen müsste, wenn Sie sie „richtig“ machen würden).

Es gibt nichts zu erwerben, weil Ihnen nichts fehlt und nichts mangelt, auch wenn Ihnen die Gewohnheitsmuster Ihres Denkens und Haben-Wollens immer wieder etwas anderes erzählen. Sie sind bereits komplett, ganz, lebendig in diesem Moment und so, wie Sie sind, schön! „Verbesserungen“ sind weder notwendig noch möglich. Das ist alles!

Das Einzige, was uns entgeht, *ist die Erkenntnis*, dass das Leben sich in diesem Moment tatsächlich entfaltet – in Form Ihrer Person, in Form meiner Person –, in jeder Dimension dieser Entfaltung in zeitloser Gegenwart, die wir „jetzt“ nennen; und das *Begreifen* dieser Tatsächlichkeit, sodass sie erfasst und in ihrer ganzen Fülle Wirklichkeit wird. Dafür gibt es keine Worte, weil Worte, trotz aller Kraft und Schönheit wohlgesetzter Formulierungen, lediglich Elemente des Denkens *über* Dinge sind und deshalb vom direkten Wahrnehmen immer einen Schritt entfernt. An diesem Punkt betreten wir das Reich reiner Dichtung, in dem wir Worte benutzen, um über Worte hinauszuweisen, um zu vermitteln, was in Prosa zu sagen nicht möglich ist. An diesem Punkt berühren wir auch das, was ein Kollege* bezeichnenderweise „implikative holistische Sinngebung“ nennt – etwas, das viel mehr einem direkten Fühlen ähnelt, einem Wissen, das uns in den Knochen steckt, im Herzen, weit entfernt von den Worten und Vorstellungen, die wir später vielleicht auf das Erlebnis anwenden. Vielleicht ist es letztendlich diese Fähigkeit, die uns

* Siehe: Teasdale, John und Chaskalson, M.: *How Does Mindfulness Transform Suffering II: The Transformation of Dukkha.* In: Williams, J. und Kabat-Zinn, J. (Hg.): *Mindfulness: Diverse Perspectives on Its Meaning, Origins, and Applications.* Milton Park, UK: Routledge, 2013, S. 103–124.

aus Automaten in Menschen verwandelt. Und genau hier ist der Ort, an dem wir das Gebiet einer im ganzen Körper lebendigen Achtsamkeitspraxis betreten.

Das Geheimnisvolle am Gewahrsein ist, dass es wirklich und wahrhaftig jenseits aller Worte liegt. Es ist in unserem Wesen angelegt. Wir alle haben es bereits, haben es immer. Es ist uns näher als nah. Und doch habe ich, paradoxerweise, schon jetzt eine ganze Menge Worte gebraucht, um Sie zu einer Ahnung dessen zu verleiten, was Ihnen schon gehört, was Sie sind – was Sie in Wirklichkeit sind, einfach nur, indem Sie Mensch sind. Ich hoffe, dass dieses mein „Zeigen mit Worten" bei Ihnen und in Ihnen Widerhall findet, auf einer tiefen intuitiven Ebene, weit weg von Worten und Geschichten.

Dieses Buch und die anderen in dieser Reihe sind voll mit Worten, mit Tausenden von Worten. Und doch sind sie alle nur Fingerzeige, Visierlinien, entlang derer Sie anpeilen, nachfühlen, nachspüren können, während Sie innehalten und loslassen, innehalten und loslassen, innehalten und ankommen, Moment für Moment. Wo? In dem, was gerade zur Hand ist, was relevant ist, Ihnen in diesem Moment ins Auge springt. In die Aktualität des Jetzt, der Dinge, wie sie sind.

Einfach? Ja! Können Sie das? Natürlich! Muss man dazu etwas machen? Eher nicht. Jein. Es sieht nur so aus, als müsste man etwas machen. Eigentlich geht es darum, ins Wachsein zu fallen. Und das ist, wie wir gesehen haben, eine Liebesaffäre mit dem, was ist, und mit dem, was im nächsten Moment möglich sein könnte, wenn wir bereit sind, im Jetzt voll da zu sein, ohne ein bestimmtes Ergebnis zu erwarten oder darauf angewiesen zu sein.

Wenn Sie denken, bei der Meditation müsse man etwas machen, dann können Sie es auch bleiben lassen – es sei denn, Sie erkennen, dass in der scheinbaren Verrücktheit oder Sinnlosigkeit des Nicht-Tuns eine Methode liegt. In der alten chinesischen

Zen-Tradition wird dies manchmal als „Methode, keine Methode zu haben“ bezeichnet. Dies ist der Punkt, an dem die Einheit zwischen dem instrumentellen Ansatz (etwas tun, etwas geschafft bekommen) und dem nicht-instrumentellen Ansatz (Nicht-Tun), die ich im ersten Band behandelt habe, ins Spiel kommt. Unsere angeborene Wachheit lässt sich nicht aufbauschen, lässt sich nicht verkaufen, lässt sich nicht korrumpieren. Sie kann nur aufgezeigt und erkannt werden. Und der einzige Weg, sie zu erkennen, ist: sich selber nicht im Weg zu stehen, sondern für einen Moment einfach innezuhalten und anzukommen. Innehalten und ankommen. Innehalten und ankommen.

Ein sehr praktischer Weg, das zu tun, führt über ein bewusstes Erleben der Sinneswahrnehmungen.

Wir können also experimentieren: Ist es uns möglich, genau jetzt, in diesem Moment, „bei Sinnen“ zu sein? Können wir hören – und zwar nur das, was auch wirklich zu hören ist? Können wir sehen – und zwar nur das, was auch wirklich zu sehen ist? Können wir fühlen – und zwar nur das, was auch wirklich zu fühlen ist? Ist es uns möglich, in der Tatsächlichkeit dieses jetzigen Moments aufzuwachen und in dem, was wir „unsere eigentliche Natur“ nennen könnten – was *hinter* all unserem Denken, unseren Vorstellungen, Perspektiven, Weltmodellen, religiösen Lehren, Philosophien, unserer Bildung usw. liegt? Denn nichts davon ist unverzichtbar für den Prozess, in dem wir ins hellwache Dasein fallen – obwohl all diese Dinge natürlich paradoxerweise auf eine schöne Weise wichtig sein können, solange man sich nicht an sie klammert. Sich nicht zu identifizieren mit irgendetwas; nicht zu sagen: „Das bin ich, das gehört zu mir, das macht mich aus“: Das ist der Schlüssel. Denn wir haben im Grunde keine Ahnung (oder eben nur vage Ahnungen), worauf sich diese Personalpronomina der ersten Person eigentlich beziehen. Deshalb steht am Anfang und am Ende aller meditativen Übungen dieses: „Wer bin ich?", und dann folgt das Innehalten und Ankommen in Gewahrsein, im Nicht-Wissen, hinter allem Denken. Innehalten und ankommen. Wann? Wenn Sie sich daran erinnern. Wie wäre es mit jetzt? Und jetzt? Und jetzt? Nichts muss anders werden. Sie müssen nichts tun. Nur sich erinnern.

*

Während die Welt immer komplexer wird, unsere Tage aus endlosen Listen von Dingen bestehen, die erledigt und abgehakt werden müssen, oder aus Momenten, in denen wir aufgefordert werden, nicht bloß herumzustehen, sondern etwas zu unternehmen – da ist es sehr leicht, sich immer mehr in den Narrativen im Kopf zu verlieren, den Erzählungen darüber, was eigentlich vor sich geht, wo unser Platz in all dem ist; darüber, wo wir dereinst landen werden oder anzukommen hoffen oder im Gegenteil fürchten, eben gerade nicht anzukommen – und dabei fast völlig aus den Augen zu verlieren, welches Wunder, welche Pracht es ist, überhaupt am Leben zu sein.

Wir konstruieren im Kopf Identitäten, „Zu-erledigen"-Listen und Zukunftspläne und verlieren uns dann in diesen Konstrukten, in unseren Realitätsmodellen und in unseren Gedanken, die, sogar wenn sie zutreffend sind, nur teilweise zutreffen, definitiv nicht hundertprozentig – und im Normalfall reicht das eben nie. An diesem Punkt angelangt, sind wir wahrscheinlich schon viel zu beschäftigt, viel zu sehr schon in die Eigendynamik dieser Geschäftigkeit verstrickt, um noch daran zu denken, dass wir auch wach sein könnten. Wir schalten so schnell in den Autopiloten-Modus – rutschen in die vertrauten ausgetretenen Pfade unseres Denkens und unserer Emotionen, verlieren uns darin, Punkt für Punkt auf unserer Liste abhaken zu müssen, und werden immer süchtiger nach den vielen Ablenkungen, die uns

Smartphone, Tablet & Co. mit ihrer „grenzenlosen Vernetzung“ liefern –, dass wir aus den Augen verlieren, was direkt vor unserer Nase liegt und was jetzt gebraucht wird, und jetzt, und jetzt.

Wenn wir Achtsamkeit kultivieren, sei es formell oder informell, können wir die Blase genau in dem Moment, in dem sie aufsteigt, platzen lassen, oder sobald wir merken, was vor sich geht. Sie kann verborgene Dimensionen unserer selbst aufdecken und wiedergewinnen helfen, die wir für unser Weiterleben dringend brauchen werden, wenn wir unserer Menschlichkeit und ihrer vollen Entfaltung treu bleiben wollen. Keine(r) von uns will eigentlich, dass auf seinem oder ihrem Grabstein steht: „Ich hätte mehr arbeiten sollen“ oder „Ich hätte mich mehr ablenken lassen sollen“, aber in der Art und Weise, wie wir unsere Energien einsetzen, und in der Summe aller unserer verpassten Gelegenheiten leben wir genau so. Achtsamkeit kann ein Gegengewicht gegen all das sein, ohne es gewaltsam zu stoppen. Nur wir müssen stoppen, und nur für diesen zeitlosen Moment.

Da dieses Buch davon handelt, wie man im alltäglichen Leben Achtsamkeit praktiziert, stellen wir eines am besten gleich klar: Es gibt kein Leben außer dem alltäglichen.

Nichts wird aus dem alltäglichen Leben ausgegrenzt, auch nicht all die Gedanken und Emotionen, die wir jeden Moment haben, unabhängig von der Situation. Im Wesentlichen findet alles, was entsteht, in der Sphäre unseres Lebens statt. Und deshalb wird es in diesem Moment Teil des „Achtsamkeits-Lehrplans“, könnte man sagen. (Und wenn es immer wieder auftaucht, wird es in vielen, vielen Momenten Teil des Lehrplans, denn manchmal lässt der Lehrplan uns einfach nicht gehen.) Letztendlich kann *jeder* Moment unseres Lebens zur Kultivierung von Achtsamkeit beitragen, nicht nur die Tageszeit, die wir für formelle Meditation reserviert haben. Das Leben selber wird zum Lehrplan. Das Leben selber wird zur Meditationspraxis.

Darauf läuft es im Wesentlichen hinaus, wenn wir Achtsamkeit kultivieren und zur „Be-Sinn-ung“ kommen wollen (das ist sowohl wörtlich als auch metaphorisch gemeint). Wenn wir nur dieses eine Leben zu leben haben – wollen wir es wie Schlafwandler verbringen, verloren in Gedanken und Geschichten und Emotionen? Oder wollen wir Wege finden, wach zu werden für die Fülle jedes Augenblicks und dessen, was er bereithält, wenn wir ihn – und uns – nur annehmen und berühren, egal, was in einem einzigen Moment oder im Laufe eines Tages alles entsteht? Dieses Buch lädt Sie zu einem Training ein (und ich sollte sagen, „uns“, denn ich bin keine Ausnahme, und wir arbeiten in diesem Forschungsabenteuer zusammen, so wie Millionen andere, die sich dafür entscheiden, ihr Leben in diese Richtung zu orientieren), im Laufe eines Tages immer wieder ins hellwache Dasein zu fallen. Und es auch zu bestimmten Zeiten in einem formelleren Rahmen zu üben, indem man bestimmte Zeiten reserviert, die allein dem Dasein gewidmet sind, in denen es keine Agenda gibt, was zu tun oder zu erledigen wäre (auch keine geheime Agenda, besser meditieren zu lernen!). Die Fülle Ihres Erlebens ist in jedem Moment vollständig, also lässt sie sich nicht verbessern. Die Herausforderung lautet immer: Können wir voll bei der Sache sein, dafür da sein, darin sein, bis wir erkennen, dass alles, was sich in einem gegebenen Moment entfaltet, der Lehrplan dieses Moments ist? Und somit erkennen, was in einem alten Cartoon des „New Yorker“ ein Mönch zu Beginn der Meditation zum anderen sagt: „Es passiert nichts. Genau darum geht's.“

Vom Anfang bis zum Ende werden wir auf den Seiten dieses Buches lebendige, leibhaftige Achtsamkeit kultivieren. Jedes Kapitel bildet auf gewisse Weise eine andere Tür in denselben Raum: den Raum Ihres Gewahrseins. Jede Eingangstür – und natürlich auch jeder Ihrer Sinne – hat ihre eigenen, ziemlich staunenswerten Eigenschaften. Der verbindende Faktor der Praxis ist jedoch, dass der Raum, den wir betreten, der Raum unseres eigenen Gewahrseins ist, egal, durch welchen Eingang wir gekommen sind. Wir nehmen unseren Platz ein – im wörtlichen wie im metaphorischen Sinne – und erden uns in der Praxis, ohne das, was Moment für Moment in unserem Erleben entsteht, zu bearbeiten oder zu beurteilen. Wir tun das, so gut wir können, ohne uns in Fragen zu verstricken, ob unsere meditative Erfahrung „gut" ist oder ob unsere Erfahrung so ist, wie sie „sein soll". Wenn Sie etwas erleben und sich dessen bewusst sind, dann ist das, was Sie erleben, für diesen Moment perfekt – perfekt als das, was es ist.

Die wirkliche Frage ist: „Welche Beziehung werden Sie zu dem haben, was sich im jeweiligen Moment entfaltet – der immer der jetzige Moment ist?" Mit anderen Worten: Können Sie das, was Sie erleben, im Gewahrsein halten, ohne es auf irgendeine Weise zu beurteilen oder eine Geschichte über Ihr Erleben – sei es angenehm, unangenehm oder neutral – zu erfinden, die Sie schließlich selber glauben? Die Bereitschaft, in ruhigem Gewahrsein bei dem zu verweilen, was Ihr Erleben im Moment ausmachen mag (erwünscht, unerwünscht oder nahezu unbemerkt; angenehm, unangenehm oder weder noch), lädt zu einer *ganz neuen Art von Beziehung zu unserem Erleben* ein (wozu auch gehört, wie viel wir urteilen und werten!). Dies bringt eine neue Möglichkeit mit sich, einen Raum der Freiheit zu bewohnen, der viel größer ist als Vorlieben und Abneigungen und bevorzugte Ansichten, wie die Welt ist (oder nicht ist). Und somit lädt es Sie dazu ein, zu sein, wer und was Sie sind, und wenn es nur für einen kurzen Moment ist: jenseits Ihres Namens, jenseits von „Das ist meine Geschichte!", überhaupt jenseits des Denkens, oder vielleicht sollten wir sagen: *hinter* allem Denken.

Was Sie entdecken werden, ist kein Geheimnis, und doch ist es gleichzeitig eine versteckte Goldmine. Es ist Ihr eigenes Gewahrsein, das sich einen klaren Blick und damit größere Weisheit zu eigen macht. Es ist Gelassenheit und somit eine unerschütterliche Stabilität im Geist und im Herzen, die von tiefer Fürsorge und Anteilnahme getragen wird. Es ist eine angeborene Liebesaffäre mit dem Leben, jenseits unserer viel zu beschränkten Erzählungen, wer wir seien und wie die Welt sei. Wie wir in „Meditation ist nicht, was Sie denken" gesehen haben, ist das Begreifen, wer und was wir in unserer Fülle tatsächlich sind, und wie und was die Welt in ihrer Fülle tatsächlich ist, ein radikaler Akt der Liebe und geistigen Klarheit. Und dies macht uns offen für die Möglichkeit, in dieser Welt zumindest ein bisschen klüger zu handeln und dadurch die Heilung und Transformation und Befreiung zu erleben, die solch ein Handeln begleiten, Moment für Moment, Tag für Tag.

Die Empfehlung lautet also: Stürzen Sie sich, als gäbe es kein Morgen, als hinge Ihr ganzes Leben davon ab, in die formellen und informellen Übungen, die dieses Buch anbietet. Denn Ihr Leben hängt tatsächlich auf vielfältige, sehr reale und entscheidende Weise davon ab. Genauso wie das volle Potenzial Ihrer Präsenz und Wirksamkeit in der Welt, in der Familie, in dem, was Sie unternehmen, ja, selbst in Ihrem Körper und wie Sie sich in der Welt betragen (und wie Ihr Körper Sie trägt).

Dieses Engagement erfordert eine gewisse Disziplin und Entschlossenheit. Wenn es Ihnen irgendwie möglich ist, so schaffen Sie jeden Tag – ob Sie Lust haben oder nicht – Ihren Hintern sowohl im wörtlichen wie auch im übertragenen Sinne auf ein Meditationskissen oder einen Stuhl oder ein Bett und belassen Sie ihn da – gerne auch ein bisschen länger, als Ihnen lieb ist. Es bedeutet, das unvermeidliche Unbehagen, die Ungeduld, die Langeweile, die sprunghaften Gedanken, den Ärger und überhaupt alles willkommen zu heißen, was aufkommt. Es bedeutet, all das einzuladen, damit es Ihre Lehrerin wird und Ihnen gestalten hilft, wie Sie sich dazu verhalten wollen – zum Erwünschten und zum Unerwünschten, zum Angenehmen und zum Unangenehmen, zum Leichten und zum Schwierigen. Das ist keine Folter (obwohl es sich manchmal so anfühlen kann), sondern Freiheit – die Freiheit, nicht verstrickt, ja womöglich gefangen zu sein in den eigenen Vorlieben und Abneigungen oder den endlosen Geschichten, die nie so ganz stimmen. In diesem Spiegel wacht der Geist auf. Er lernt sich selbst kennen, sich selbst und allem Erleben zum Freund zu werden. Und in diesem Prozess werden Sie selbst, so wie Sie sind, zur Verkörperung dieses Wissens. Durch diesen Prozess werden Sie viel besser wissen, wie einfach Dasein geht, und wenn Handeln gefragt ist, was zu tun ist.

Viel Spaß! Und bleiben Sie in Kontakt! Vor allem mit sich selbst. Seien Sie gewiss, dass Sie nicht allein sind bei diesem Unterfangen, auf vielfältige Art und Weise Wachheit zu kultivieren. Wir sitzen alle in diesem Boot, geben unser Bestes, lassen uns, so gut es geht, auf die formelle und informelle Praxis ein und sehen und begreifen, was herauskommt und wie es im Moment ist.

Jon Kabat-Zinn
Berkeley, Kalifornien
20. Februar 2018

Erster Teil

Die Welt der Sinne: dein einziges, wildes, kostbares Leben

Wer hat die Welt gemacht?
Wer hat den Schwan und den schwarzen Bären gemacht?
Wer hat den Grashüpfer gemacht?
Ich meine diesen Grashüpfer hier –
den, der sich gerade aus dem Gras katapultiert hat,
der jetzt Zuckerkörnchen aus meiner Hand frisst,
der seine Kiefer nicht auf und ab bewegt,
sondern vor und zurück –
der sich umschaut mit riesigen und komplizierten Augen.
Jetzt hebt er seine blassen Vorderbeine und wäscht sich
gründlich das Gesicht.
Jetzt klappt er seine Flügel aus und schwirrt davon.
Ich weiß nicht genau, was ein Gebet ist.
Ich weiß aber, wie man achtsam ist, wie man hinfällt
ins Gras, niederkniet im Gras,
wie man faul und gesegnet sein kann, wie man
durch die Felder streift (was ich ja schon den ganzen Tag tue).
Sag mir, was hätte ich sonst tun sollen?
Stirbt am Ende nicht alles, und immer zu früh?
Sag mir, was willst du anfangen
mit deinem einzigen, wilden, kostbaren Leben?

Mary Oliver,
Der Sommertag (The Summer Day)

Das Mysterium der Sinne und die Magie des Sinnlichen

Jeder neue Gegenstand, wohl beschaut,
schließt ein neues Organ in uns auf.

JOHANN WOLFGANG VON GOETHE

Was fähig ist, zu sehen, zu hören,
sich zu bewegen, zu handeln, das
muss dein ursprünglicher Geist sein.

CHINUL,
KOREANISCHER ZEN-MEISTER,
12. JAHRHUNDERT

Unsere Sinne (und das, was sie erschaffen) sind, wenn man darüber nachdenkt, in jeder Hinsicht völlig verblüffend. Leider betrachten wir sie als etwas Selbstverständliches und ignorieren ihre Tiefe und Tragweite – falls wir sie überhaupt beachten. Unsere Sinne untermauern unsere Fähigkeit, ein erstaunliches Arsenal intelligenter Verfahren zu rekrutieren und zu entwickeln, mit denen wir unser Erleben dekodieren und uns in der Welt der Phänomene positionieren. Mit den Sinnen im Kontakt zu sein – und es sind, wie die moderne Gehirnforschung zeigt, wesentlich mehr als nur fünf – und mit den Welten, die sie uns innen und außen eröffnen: Das ist die Essenz der Achtsamkeit und des meditativen Gewahrseins. Sich ihnen achtsam zu widmen, liefert zahllose Gelegenheiten, im alltäglichen Leben Wachheit, Weisheit und gegenseitige Verbundenheit zu erkennen.

Unter besonderen Bedingungen können sich unsere Sinne außerordentlich verfeinern. Es wird berichtet, dass Jäger der australischen Aborigines, die im Outback leben, mit dem bloßen Auge die größeren der Jupitermonde sehen konnten, so geschärft war ihr Jägerblick. Es scheint, dass wenn bei der Geburt oder vor Vollendung des zweiten Lebensjahres ein Sinn verloren geht, die anderen Sinne eine Schärfe gewinnen können, die das, was wir normalerweise für möglich halten, weit übertrifft. Dies ist durch mehrere Studien belegt, sogar für Sehende, die für kurze Zeiträume (Stunden oder Tage) des Augenlichts beraubt wurden. Sie zeigen dann, mit den Worten des Hirnforschers Oliver Sachs, „einen auffälligen Zuwachs an taktil-räumlicher Sensibilität".

Helen Keller konnte, wenn sie mit anderen Menschen in einem Raum zusammen war, einfach durch ihren Geruchssinn herausfinden, „was sie arbeiteten. Die Gerüche von Holz, Eisen, Farbe oder Medikamenten hängen in den Kleidern der Leute, die damit arbeiten … Wenn ein Mensch schnell an mir vorbeigeht, bekomme ich einen Geruchseindruck, wo er oder sie gewesen ist – in der Küche, im Garten oder im Krankenzimmer."

Die verschiedenen isolierten Sinne (wir betrachten sie ja meist als getrennte, sich nicht überlappende Funktionen) schneiden für uns verschiedene Segmente der Welt heraus und verwerten die Rohdaten sensorischer Eindrücke (und unserer Beziehung zu ihnen) zur Konstruktion und Erkenntnis der Welt. Jeder Sinn hat sein ganz eigenes Gefolge von Eigenschaften um sich, aus denen wir nicht nur unser „Bild“ von der „Außenwelt“ bauen, sondern auch Bedeutungen und – Moment für Moment – unsere Fähigkeit, uns in ihr zu verhalten.

Wenn wir die Berichte von Menschen lesen, denen – von Geburt an oder durch spätere Ereignisse – ein oder mehrere Sinneskanäle fehlen, die die meisten von uns besitzen, können wir eine Menge über uns selbst lernen und das, was wir so oft als selbstverständlich voraussetzen. Und wir können ausloten, wie sich für uns die Erfahrung eines so tiefgreifenden Verlustes (das scheint es uns jedenfalls zu sein) anfühlen würde, und von denjenigen lernen, die Wege gefunden haben, trotz solcher Einschränkungen ein reiches Leben zu führen. Und dadurch könnten wir das Geschenk, das uns die Sinne, die wir haben, genau jetzt in diesem Moment bereiten, und das Geschenk unseres praktisch grenzenlosen Potenzials, sie in den Dienst einer (wie zu hoffen ist) stetig wachsenden Bewusstheit für die inneren und äußeren Landschaften unseres Lebens zu stellen, besser schätzen lernen. Denn was wir wissen, wissen wir nur durch das volle Spektrum unserer Sinne, gekoppelt mit jener Fähigkeit des Geistes, die wir „Wissen an sich“ nennen könnten, seiner eigenen sensorischen und integrierenden Funktion.

Helen Keller schreibt:

> „Ich bin genauso taub, wie ich blind bin. Die Probleme der Taubheit reichen tiefer und sind komplexer als die der Blindheit. Taubheit ist ein viel schlimmeres Unglück. Sie bedeutet nämlich den Verlust eines zentralen Stimulus – des Klanges einer Stimme, die Sprache transportiert, Gedanken anregt und uns in die Gemeinschaft des menschlichen Intellekts aufnimmt … Wenn ich noch einmal leben könnte, würde ich viel mehr für die Gehörlosen tun, als ich getan habe. Ich bin zu dem Schluss gekommen, dass Taubheit ein viel größeres Handicap ist als Blindheit.“

Der Dichter David Wright erlebt seine Taubheit als etwas, in dem meistens die Ahnung eines Hörerlebnisses mitschwingt:

> „Nehmen wir an, es ist ein ruhiger Tag, absolut still, es regt sich kein Zweig und kein Blatt. Mir erscheint er still wie ein Grab, obwohl in den Hecken zahllose unsichtbare Vögel lärmen. Dann kommt eine Brise, die ausreicht, ein Blatt zu bewegen; und diese Bewegung höre und sehe ich wie einen lauten Ruf. Die scheinbare Lautlosigkeit ist durchbrochen. Ich sehe, als ob ich hören würde, den Wind als visionäres Geräusch im bewegten Laub … Manchmal muss ich mich richtiggehend anstrengen und mir sagen, dass ich nichts ‚höre', denn es gibt ja nichts zu hören. Zu solchen ‚Nicht-Geräuschen' gehört zum Beispiel der Flug und die Bewegungen von Vögeln, es können aber auch Fische im klaren Wasser oder in einem Aquarium sein. Ich nehme an, dass der Flug von Vögeln, zumindest aus der Entfernung, lautlos sein muss … Und doch erscheint er mir hörbar, wobei jede Vogelart eine andere ‚Augen-Musik' erzeugt, von der gelassenen Melancholie der Möwen bis zum Stakkato herumflitzender Blaumeisen …"

John Hull, der in seinen späten Vierzigern komplett das Augenlicht verlor, erlebte den allmählichen Verlust aller visuellen Bilder und Erinnerungen und glitt in eine, wie er sagt, „tiefe Blindheit". Laut Oliver Sachs' Artikel im „New Yorker" zum Thema Sinneswahrnehmung geschah bei dem „Ganzkörperseher" (so charakterisierte Hull selbst seinen Zustand tiefer Blindheit) eine Verlagerung der Aufmerksamkeit, seines Schwerpunkts, hin zu den anderen Sinnen. Und Sachs berichtet: „Hull schreibt immer wieder davon, wie die anderen Sinne eine neue Fülle und Kraft gewinnen. So spricht er zum Beispiel davon, wie das Geräusch des Regens, dem er zuvor nie besondere Aufmerksamkeit gewidmet hatte, nun eine ganze Landschaft erstehen lässt, denn Regen auf dem Gartenweg klingt anders, als wenn er auf den Rasen trommelt oder auf die Büsche im Garten oder auf den Zaun, der den Garten von der Straße trennt."

> „Der Regen hat die Gabe, die Konturen aller Dinge hervortreten zu lassen; er breitet eine farbige Decke über zuvor unsichtbare Dinge; anstelle der intermittierenden und dadurch fragmentarischen Welt schafft der stetig fallende Regen die Kontinuität des akustischen Erlebens ... präsentiert in einem einzigen Moment die Fülle der gesamten Situation ... gibt dir ein Gefühl für die Perspektive und den tatsächlichen Zusammenhang der einzelnen Teile der Welt."

Sachs' Formulierung „dem er zuvor nie besondere Aufmerksamkeit gewidmet hatte" ist aufschlussreich. In Menschen, denen ein oder mehrere Sinne fehlen, fördert und verstärkt die bloße Notwendigkeit solch eine Verlagerung der Aufmerksamkeit. Aber wir müssen nicht erst den Verlust unseres Gehörs oder Augenlichtes (oder eines anderen Sinneskanals) erleben, um ihm Aufmerksamkeit zu widmen. Achtsamkeit lädt uns ein, unseren Sinneseindrücken am Punkt der Berührung zu begegnen (siehe dazu auch „Wie die Schuhe entstanden" im ersten Band „Meditation ist nicht, was Sie denken", S. 100), diese überreichen Welten zu erkennen und im Erkennen zu verweilen, statt sie durch Ignorieren oder gewohnheitsmäßiges Abstumpfen der Sinnestore wie auch des Geistes, der sie durchschreitet und ihnen und uns Sinn verleiht, einzuebnen.

Genauso, wie wir von denen lernen und von ihnen in Erstaunen versetzt werden können, die den Verlust eines oder mehrerer Sinne erlitten und sich körperlich und geistig auf erstaunliche Weise angepasst und umgestellt haben, um ein reiches Leben führen zu können – genauso können wir dazulernen, indem wir der Welt der Natur, die uns über alle Sinne gleichzeitig ruft und sich uns darbietet, absichtlich Aufmerksamkeit widmen; einer Welt, in der unsere Sinne ja geschaffen und geschärft wurden, und in die wir von Anfang an nahtlos eingebunden waren.

Obwohl wir dazu neigen, es nicht zu bemerken, nehmen wir in jedem Moment mit allen Sinnen gleichzeitig wahr. Sogar in Wrights und Hulls Beschreibungen gibt es Querverweise auf den verlorenen Sinneskanal. Wright muss sich selbst daran erinnern, dass er nicht hört, was er sieht, denn es „erscheint ihm hörbar", manifestiert sich als „Augen-Musik". Und Hull, der kein visuelles Erleben hat, spricht dennoch von einer „farbigen Decke", die „über zuvor unsichtbare Dinge" gebreitet wird, was den Schluss nahelegt, dass sie durch sein sorgfältiges Hören in der Tat „sichtbar" gemacht werden.

Die Sinne überlappen sich, gehen ineinander über und befruchten sich gegenseitig. Dieses Phänomen wird Synästhesie genannt. Auf der Ebene unseres Seins sind wir nicht fragmentiert. Waren wir nie. Unsere Sinne, die ineinander übergehen, formen Moment um Moment unser Erkennen der Welt und unsere Teilhabe an ihr. Dass wir das nicht erkennen, ist lediglich Ausdruck unserer Entfremdung von unserem eigenen fühlenden Körper und der Welt der Natur.

David Abram, dessen Buch „Im Bann der sinnlichen Natur"* gründlich die Überschneidungen untersucht zwischen der Phänomenologie und der Welt der Natur, wie sie von allen sie bewohnenden Lebewesen gefühlt und erkannt wird, darunter auch uns, wenn wir uns in der Wildnis befinden – Abram teilt mit uns die

* Abram, David, *Im Bann der sinnlichen Natur. Die Kunst der Wahrnehmung und die mehr-als-menschliche Welt.* Mit einem Vorwort von Andreas Weber. Klein Jasedow: thinkOya, 2012.

reichen Dimensionen der sensorischen Matrix, die uns hervorgebracht und über Hunderttausende von Jahren hinweg genährt hat:

> „Das laute, gutturale Krächzen, mit dem der Rabe über mir kreist, bleibt nicht auf ein Feld des Hörbaren beschränkt – sein Ruf findet Widerhall im Sichtbaren, die gesamte sichtbare Landschaft belebt sich augenblicklich durch das kecke Wesen und Gehabe dieser nachtschwarzen Gestalt. Meine Sinne streben, ausgehend von einem kohärenten Körper, in verschiedene Richtungen, um im Wahrgenommenen als kohärente Einheit wieder zusammenzulaufen – ähnlich den separaten Blickwinkeln meiner beiden Augen, die im Raben zusammenlaufen und sich dort zu einem gemeinsamen Fokus vereinen. Meine Sinne verbinden sich in den Dingen, die ich wahrnehme, oder, besser gesagt, jedes wahrgenommene Ding führt meine Sinne zu einer kohärenten Einheit zusammen – das erst lässt mich das Wahrgenommene als ein Kräftezentrum erfahren, als ein anderes Erfahrungsgeflecht, als ein Anderes.

Wie wir die Wahrnehmung vorhin als dynamische Partizipation zwischen meinem Körper und den Dingen beschrieben haben, so erkennen wir nun, wiederum in einem Akt der Wahrnehmung, eine Teilhabe der verschiedenen Sinnessysteme des Körpers selbst. Diese Vorgänge sind tatsächlich nicht voneinander zu trennen, denn die Verflechtung meines Körpers mit den Dingen, die er wahrnimmt, wird erst durch die Verschränkung meiner Sinne herbeigeführt – und umgekehrt. Die Anordnung meiner Sinnesorgane zueinander – die Augen sind nach vorne, die Ohren eher nach hinten gerichtet usw. – und ihre seltsame Gabelung – wir haben nicht nur eines, sondern zwei Augen, eines auf jeder Seite, ebenso zwei Nasenlöcher, zwei Ohren usw. – weisen darauf hin, dass der Körper eine

> auf die Welt abgestimmte Form ist; sie lässt meinen Körper zu einem offenen Schwingkreis werden, der sich erst in Dingen, im Anderen, in der ihn umgebenden Erde schließt."*

Eingebettet und versunken in die Welt der Natur, kennen wir sie nur durch unsere Sinne, und auch wir werden erkannt durch die Sinne anderer Wesen, darunter auch Wesen, die nicht-menschlich sind, uns aber auf ihre eigene Weise trotzdem spüren, sei es nun ein Moskito, der ein Mittagessen sucht, oder Vögel, die unsere Ankunft in einer Waldschlucht verkünden. Wir sind Teil dieser Landschaft, sind darin aufgewachsen, und wir sind immer noch im Besitz all dieser Gaben, auch wenn sie im Vergleich zu unseren Jäger-und-Sammler-Vorfahren vielleicht ein wenig verkümmert sein mögen. Der Bann der sinnlichen Natur in Abrams faszinierender Formulierung ist nicht weiter entfernt als das Geräusch des Regens, das wir aufnehmen, das Gefühl der Luft auf der Haut, die Wärme der Sonne auf dem Rücken oder der Blick Ihres Hundes, wenn Sie sich ihm nähern. Können wir es fühlen? Können wir es erkennen? Lassen wir uns davon umarmen? Und wenn ja, wann? Wann? Wann? Wann? Wann? Wann?

---

* Aus: David Abram: *Im Bann der sinnlichen Natur. Die Kunst der Wahrnehmung und die mehr-als-menschliche Welt,* übersetzt von Matthias Fersterer und Jochen Schilk, Klein Jasedow: thinkOya 2012, S. 80–81.

Sehen

Wir sind ständig dabei, zu sehen: durch Linsen, Teleskope, Bildröhren ... Unser Sehen wird jeden Tag weiter perfektioniert – und doch sehen wir immer weniger. Nie ist es dringlicher gewesen, über das Sehen zu sprechen ... wir sind Betrachter, Zuschauer ... wir sind „Subjekte", die „Objekte" anschauen. Schnell kleben wir auf alles ein Etikett – ein Etikett, das dann ein für allemal kleben bleibt. Mithilfe dieser Etiketten erkennen wir alles wieder, aber wir sehen nichts mehr.

Frederick Franck,
Zen in der Kunst des Sehens

In der Nähe meines Hauses gibt es eine Wiese, die mein Auge, wenn ich einen bestimmten Blickwinkel einnehme, besonders erfreut. Ich gehe mehrmals am Tag am unteren Ende dieser Wiese entlang, und zu jeder Jahreszeit gehe ich dort mit dem Hund spazieren. Manchmal gehe ich allein, manchmal in Gesellschaft anderer Menschen, manchmal sogar ohne den Hund. Es spielt keine Rolle. Die Wiese bietet den Vorübergehenden ständig eine Palette von Licht und

Schatten, Formen und Farben und fordert dazu heraus, alles, was den Augen, Ohren, der Nase, dem Gaumen und der Haut dort dargeboten wird, auf jede mögliche Weise zu spüren und aufzusaugen. Jeden Tag, jede Stunde, mit jeder vorüberziehenden Wolke, bei jedem Wetter, zu jeder Jahreszeit ist das, was es hier zu sehen gibt, anders; es verändert sich ständig, wandelt sich mit Licht und Wärme und Jahreszeit von einem Aspekt zum nächsten, wie eine Landschaft mit Bergen und Schluchten – oder wie die Felder mit den Heuhaufen, die Monet verlockten, am selben Ort mit mehreren Staffeleien zu malen, um das unfassbare Licht und seine geheimnisvolle Rolle beim Entstehen von Gestalt und Textur, von Farbe, Schatten und Form einzufangen, während der Tag fortschritt, während die Jahreszeiten sich wandelten. Die Herausforderung besteht darin, zu sehen, dass die Welt, die wir bewohnen, uns tatsächlich überall ein solches Schauspiel bietet. Doch diese spezielle Wiese am Hang eines sanft ansteigenden und unebenen Hügels, mit zwei Stellen, an denen aus dem Boden ragende Felsblöcke die Unregelmäßigkeit noch verstärken, hat eine ganz spezielle katalytische Wirkung auf mich, besonders, wenn ich sie von unten her sehe. Wenn ich meinen Blick darauf ruhen lasse, werde ich irgendwie verändert, sozusagen neu geeicht, feinfühliger auf die innere und die äußere Landschaft eingestimmt.

Sie schmiegt sich an den Hügel, steigt nach Osten hin sanft an, zwischen zwei anderen Wiesen, die unter Naturschutz stehen und deshalb mit Gras überwuchert sind. Die Rückwand einer blassrot verwitterten Scheune begrenzt sie nach Norden, und dahinter liegt die gepflasterte Zufahrt zu einem alten, aber gut erhaltenen weißen New-England-Bauernhaus, das mit seinen unterschiedlichen Gebäudeteilen darauf schließen lässt, dass es (ausgehend vom ältesten Teil direkt an der Straße) im Laufe der Jahre immer wieder planmäßig erweitert und ausgebaut wurde. Am selben Hang schließt sich Richtung Süden eine weitere Wiese unter

Naturschutz an, die von dem eingezäunten nur durch eine Doppelreihe aus hohen Eichen und Traubenkirschbäumen getrennt ist, die zu beiden Seiten eine niedrige Steinmauer überwölben, die zweifellos noch aus der Kolonialzeit stammt, als das Land zum ersten Mal gerodet wurde und man die dabei ausgegrabenen schwarzen Granitbrocken einfach am Rand aufstapelte.

Die Wiese, die mich so fasziniert, ist von einem hölzernen Gatter umgrenzt; an dessen Innenseite läuft ein elektrischer Weidezaun um, von dem man vor allem die gelben Isolierknöpfe sieht. Der Elektrozaun soll die zwei jungen Kühe (seine „Babys" nennt sie unser Nachbar, der Bauer, der sie Teile des Jahres dort grasen lässt) am Weglaufen hindern.

Das Gatter bildet ein unregelmäßiges Fünfeck, das ich lange Zeit für ein Rechteck hielt. Dann sah es auf einmal wie ein Trapez aus. Erst nach sehr eingehender Betrachtung entpuppte es sich schließlich als Fünfseiter. Die westliche, am tiefsten gelegene Seite des Gatters läuft parallel zur höher gelegenen Ostseite, und diese beiden sind so mit der Südseite verbunden, dass sie tatsächlich aussehen wie die zwei gegenüberliegenden langen Seiten eines Rechtecks – die kürzere sie verbindende Seite verläuft geradeaus den Hügel hinauf, parallel zu den zwei Baumreihen mit der Steinmauer dazwischen, die sich südlich anschließen. Nach ein paar Metern Richtung Norden, an einem kleinen Kuhstall vorbei, der unten auf der Westseite steht, läuft das Gatter ein ziemlich langes Stück diagonal nordöstlich den Hügel hinauf. Dann kommt ein Durchgangstor, bei dem diese abfallende Seite auf die kürzeste, die fünfte Seite stößt, die wiederum im rechten Winkel auf die oberste Ecke des Fünfecks trifft. Diese Konfiguration gibt der Wiese und dem Gatter ein zufälliges und unruhiges Aussehen, das sich in die Konturen des Hügels schmiegt und perfekt in den sanften Schwung dieser Landschaft passt. Vom rechten unteren Ende (Südwesten) aus – meinem

Lieblings-Standort – ist bis auf das Innere des Kuhstalls und das, was er in meiner Sichtlinie verdeckt, die Wiese ganz zu sehen.

Ich mag diese Wiese. Aus irgendeinem rätselhaften Grund belebt es mein Sehen, wenn ich unten entlanggehe und meinen Blick darüber schweifen lasse. Plötzlich ist die ganze Welt lebendiger.

Ich sitze einen Moment im Schatten und schaue von der südwestlichen Ecke den Hang hinauf. Die Sonne steht an diesem 4. Juli schon ziemlich hoch am Vormittagshimmel und badet die Wiese intensiv in Licht und Wärme. Dank der Baumreihe an der südlichen Ecke wandert ein schmaler, sich ständig verbreiternder Schattenstreifen von rechts nach links über die Wiese. Sie ist verwildert, mit Gras überwuchert, das schon zu Braun- und Goldtönen verdorrt ist und Samen ausstreut. Hier und da sind weiße Farbtupfer zu sehen, Inseln aus zahllosen Gänseblümchen, die die Kühe noch nicht abgerupft haben. Weiße Schmetterlinge flattern umher und gelegentlich auch eine Libelle, eine von der großen Sorte, im schnellen Tiefflug in der trägen Luft über den Gräsern patrouillierend; unbegreifliches Wundergebilde aus prähistorischen Zeiten, mit seinen zwei fein gezeichneten, transparenten, hochgradig multifunktionalen Flügelpaaren. Direkt vor mir stehen am südwestlichen Rand der Wiese zwei hohe Sträucher, und ein Stück weiter überschatten einige höhere Bäume den Kuhstall. Der Tag hat schon jetzt eine dunstige Schwüle. Der Himmel hinter mir ist blau und fast wolkenlos, doch in meinem Gesichtsfeld, gesäumt von den höheren Bäumen jenseits der höher gelegenen Wiese, ist der Himmel ganz weiß.

Wenn ich dann ein Weilchen im Gras gesessen und die Wiese angeschaut habe, gehe ich den Weg unterhalb der Weide und des Bauernhauses wieder zurück, und die Fläche mit rotem Wiesenschwingel zu meiner Linken scheint plötzlich röter zu sein als auf dem Hinweg. Jetzt sehe ich hie und da große violette Flecken im Gras, wahrscheinlich blühende Wicken, die ich zuvor kaum wahrgenommen habe. Die zahllosen gelben Lilien in den säuberlich ausgezirkelten Rabatten am Rande der großen Rasenfläche sind noch gelber, ihre winzigen Bewegungen – fast wie ein Tanz in der leichten Brise – fallen mir plötzlich mehr auf. Ich sehe viel mehr Libellen in der Nähe als vorher und bemerke nun, wie die Schwalben, die mir vorher kaum aufgefallen sind, herumkurven und im Tiefflug über das hohe Gras flitzen, dann hin und her über den Rasen und die prächtigen Beete und Rabatten mit orangefarbenen, roten, rosafarbenen, blauen, violetten und goldenen Blumen (der Bauer liebt Blumen sehr!), das alles umgrenzt von der üppigen Fülle der leuchtend gelben Blüten der Fetthenne, deren saftige grüne Blätter über die weit ausgreifenden, horizontalen Konturen eines zweistufigen Steingartens fließen, der sich am anderen Ende der riesigen Rasenfläche unterhalb des Bauernhauses erhebt.

Wenn ich zur Straße komme, gehe ich nach rechts, bergauf (denn eigentlich ist es ein und derselbe Hügel) zu meinem Haus zurück. Ich weiß, dass die Wiese und der Spaziergang, den ich auf derselben Route heute Nachmittag noch machen werde, völlig anders sein werden, dass deshalb auch ich anders sein werde, anders sein muss, soll heißen: von Neuem präsent für das, was sich den Sinnen in dem Augenblick darbietet, wo ich ankomme. Und so ist es immer wieder, Sommer oder Winter, Frühjahr oder Herbst, gestern oder heute, bei Regen und trübem Wetter und Schnee, in der Nacht unter den Sternen … Ich komme immer wieder von Neuem an. Sie ist immer schon da, so wie sie ist, immer dieselbe Weide – und doch nie dieselbe.

Wenn ich diese Pfade entlanggehe und mich einfach dem Aufmerksam-Sein überlasse, wenn ich mir erlaube, zur „Be-sinnung" zu kommen und in meinen Sinnen zu leben, gibt es immer weniger Trennung zwischen mir und dem Anblick der Landschaft.

Subjekt (der Sehende) und Objekt (das Gesehene) vereinigen sich im Augenblick des Sehens. Sonst wäre es kein wirkliches Sehen. In einem Moment bin ich getrennt von einer konventionellen Szene, wie ich sie mir in meinem Kopf beschrieben habe. Im nächsten Moment ist keine Szene mehr da, keine Beschreibung, nur Hiersein, nur Sehen, nur Aufsaugen durch die Augen und die anderen Sinne, die so rein sind, dass sie das, was sich darbietet, ohne Anleitung, ohne eine Geschichte dazu, ohne einen Gedanken schon längst aufzusaugen wissen. In solchen Augenblicken gibt es nur Gehen, nur Stehen, nur Sitzen oder, was das betrifft, vielleicht auch nur Liegen dort auf dieser Wiese, nur ein Spüren der Luft.

Unter allen Sinnen ist es der Sehsinn, das Reich der Augen, das in der Sprache und in unseren Metaphern dominiert. Wir sprechen von einer „Weltanschauung" und unseren „Ansichten"; davon, dass wir „Einsichten" und „Perspektiven" gewinnen. Wir ermahnen einander, „die Augen aufzumachen" und zu „sehen", was sich vom bloßen Hinschauen ebenso unterscheidet wie Zuhören von bloßem Hören oder Schnüffeln von bloßem Riechen. Sehen heißt wahrnehmen, auffassen, aufsaugen, Beziehungen erkennen (einschließlich ihrer emotionalen Beschaffenheit), wahrnehmen, was tatsächlich da ist. Carl Gustav Jung bemerkte einmal, „wir sollten nicht so tun, als verstünden wir die Welt nur durch den Intellekt; wir begreifen sie ebenso sehr durch das Fühlen". Und Marcel Proust sagte es so:

> „Die wahre Entdeckungsreise besteht nicht darin,
> neue Landschaften zu entdecken, sondern darin,
> mit frischen Augen zu sehen."

Wir sehen, was wir sehen wollen, – nicht das, was wir wirklich vor Augen haben. Wir schauen, aber es kann sein, dass wir dabei nicht erfassen oder begreifen. Wir haben alle unsere blinden Flecke und Blindheiten. Und doch können wir, wenn wir entsprechend motiviert sind, unser Sehen justieren, so wie man ein Instrument stimmt, und dadurch seine Sensibilität, seine Reichweite, seine Klarheit und seine Empathie erweitern. Das Ziel wäre, die Dinge mehr so zu sehen, wie sie wirklich sind – statt so, wie wir sie gerne hätten oder wie wir sie fürchten oder wie wir gesellschaftlich konditioniert sind, sie zu sehen oder zu fühlen. Wenn C. G. Jung recht hat, dann begreifen wir auch mit unseren Gefühlen, sicher. Aber dann täten wir gut daran, zutiefst mit ihnen vertraut zu sein und sie richtig zu erkennen, sonst liefern sie uns für die Aufgabe echten Sehens und Erkennens nur eine verzerrte Optik.

Wie auch immer – unser Geist trübt oft (wie er es auch mit den anderen Sinnen tut) unsere Fähigkeit, klar zu sehen. Wenn wir das Leben also voll und ganz erfahren, es voll und ganz in die Hand nehmen wollen, dann müssen wir uns darin üben, durch oder hinter den bloßen Anschein der Dinge zu blicken. Wir werden eine intime Vertrautheit zum Strom des eigenen Denkens kultivieren müssen, der alle sensorischen Welten einfärbt, wenn wir die Landschaften des Inneren und des Äußeren, Ereignisse und Vorfälle, in dem Maße wahrnehmen wollen, wie sie erkannt werden können – in ihrer Tatsächlichkeit, wie sie wirklich und wahrhaftig sind.

*

Ausgehend von hier, woran möchtest Du Dich erinnern?
Wie Sonnenlicht über den glänzenden Boden kriecht?
Wie Duft von altem Holz im Raume schwebt, wie von draußen
gedämpfter Laut die Luft erfüllt?

Wirst Du je ein besseres Geschenk für die Welt haben
als den atmenden Respekt, den Du
mit Dir trägst auf Schritt und Tritt? Wartest Du,
dass Dir die Zeit noch ein paar bessere Gedanken zeigt?

Wenn Du Dich wendest, von hier aus, hebe diesen
neuen Augenblick, den Du gefunden hast; trag in den Abend
alles, was Du Dir von heute wünschst. Diese Atempause, die Du
dies lesend oder hörend zugebracht hast, bewahr sie für Dein
ganzes Leben –

Was kann irgendjemand Dir geben, was größer wäre als jetzt,
ausgehend von hier, hier in diesem Zimmer, wenn Du Dich
umdrehst?

William Stafford,
Der Du dies liest, sei bereit
(You Reading This, Be Ready)

Gesehen werden

Meine Frau Myla und ich machen mit den Menschen, die in unsere Arbeitsgruppen für „Achtsames Eltern-Sein“ kommen, manchmal eine ganz bestimmte Übung. In ihr geht es darum, sich an einen Augenblick in der eigenen Kindheit zu erinnern, in dem man sich von einem Erwachsenen (nicht unbedingt einem Elternteil) so, wie man war, völlig angenommen und gesehen fühlte, und dann in dem Gefühl und den Bildern zu verweilen, die von dieser Erinnerung ausgelöst werden.

Wenn solche Erinnerungen, in der Kindheit wirklich gesehen worden zu sein, nicht aufkommen, wird man alternativ dazu eingeladen wahrzunehmen, ob Erinnerungen an Momente auftauchen, in denen man sich von einem Erwachsenen nicht gesehen oder gar missachtet und ganz und gar nicht so akzeptiert fühlte, wie man war.

Es ist erstaunlich, wie schnell und wie lebhaft in der Geborgenheit solcher Gruppen Erinnerungen an Momente auftauchen, in denen wir gesehen und völlig angenommen wurden. Ans Licht kommen Geschichten über stille Augenblicke, in denen jemand als Kind zusammen mit der Großmutter in der Erde gebuddelt hat, wie man Hand in Hand mit Vater oder Mutter am Ufer gestanden und in den Fluss geschaut hat, wie jemand, nur damit wir uns nicht allein fühlten und uns schämten, absichtlich ein Ei zu Boden fallen ließ, nachdem uns versehentlich eines aus der Hand gefallen war. Diese Erinnerungen tauchen spontan auf, oft ohne dass wir uns vorher jemals bewusst an das Ereignis erinnert hätten. Sie sind hier bei uns gewesen, unser ganzes Leben lang, nie vergessen, denn es ist unwahrscheinlich, dass wir, auch wenn wir Kinder waren, Momente vergessen, in denen wir uns völlig gesehen und angenommen fühlten.

Meistens sind das wortlose Momente. Sie entfalten sich oft im Schweigen, in einem parallelen Spiel aus gemeinsamem Tun und wortlosem Zusammensein. Vielleicht wurde nur ein kurzer Blick getauscht, ein Lächeln, man fühlte sich getragen oder umarmt oder an der Hand gehalten. Aber in diesem Augenblick wissen Sie, dass Sie gesehen und erkannt und gespürt werden, und nichts in der Welt, rein gar nichts, fühlt sich besser an, entspannt uns mehr, bringt die Welt schneller in Ordnung und schenkt uns mehr Frieden. Selbst wenn wir nur eine einzige solche Erinnerung haben, tragen wir sie für immer in uns. Wir vergessen sie niemals. Sie ist da. Sie ist in uns, weil sie so viel bedeutet, weil sie so viel offenbart hat, weil sie uns so viel Respekt erwiesen hat. Was da geschehen ist, war ein viel größeres Geschenk, als wir es damals wissen konnten. Doch intuitiv wussten wir es immer. Der Körper wusste es. Das Herz wusste es. Und wir wussten es, ohne dass wir es in Begriffe hätten fassen können. Und in diesem nichtbegrifflichen Wissen waren wir bewegt, und die Erinnerung rührt uns heute noch.

Es ist auch erstaunlich, wie selten solche Erinnerungen bei manchen sind und wie viele von uns gar keine solchen Erinnerungen haben. Stattdessen gibt es oft Erinnerungen an Momente, in denen wir uns definitiv nicht wahr- oder angenommen fühlten, ja, manchmal sogar für das, was wir waren, gedemütigt oder lächerlich gemacht wurden.

Der Sinn einer solchen Übung für Eltern ist natürlich die Einsicht, dass jeder Augenblick mit unseren Kindern eine Gelegenheit ist, sie zu sehen und anzunehmen, wie sie sind, und zwar in jedem Alter. Wenn solche Augenblicke, in denen wir gesehen wurden, für uns als Kinder so wichtig waren, dass wir sie nie vergessen haben (auch wenn sie vielleicht äußerst selten oder gar einmalig waren): Warum dann nicht bewusst achten auf die heilende Kraft einer stillen Präsenz, wie sie entsteht, wenn Sie wenigstens ab und zu Ihre Kinder jenseits dessen wahrnehmen, was Sie von ihnen erwarten? Jenseits aller Ängste, aller Urteile und auch aller Hoffnungen? Diese Momente mögen flüchtig sein, aber wenn wir sie annehmen und uns zu eigen machen, stillen sie den tiefsten Hunger, sind sie eine Infusion liebevoller Güte mitten ins Herz des Mitmenschen.

Unser „Ansehen“ ist also für sich selbst etwas, was Aufmerksamkeit verdient, dessen wir gewahr sein und dessen Konsequenzen wir sehen, fühlen und kennen sollten. Denn nicht nur das Sehen ist wichtig, auch das Gegenteil, das Gesehen-Werden (dies zeigt sich in der Doppeldeutigkeit des deutschen Wortes „Ansehen“). Und wenn das für jeden von uns gilt, dann gilt es für alle.

Sehen und Gesehen-Werden bilden einen geheimnisvollen Kreislauf der Gegenseitigkeit, eine Gegenseitigkeit der Präsenz, die Thich Nhat Hanh „Intersein“ (engl.: „interbeing“) nennt. Diese Präsenz trägt, ermutigt und gibt uns die Gewissheit, dass der Drang, zu sein, wie wir wirklich sind, und uns in unserer ganzen Fülle zu zeigen, ein gesunder Impuls ist. Denn das, was wir wirklich sind, wird gesehen, erkannt und akzeptiert, und wir werden in der Wesensautonomie, die unseren Kern ausmacht, angenommen.

All das ist Teil der Wechselseitigkeit des Sehens, wenn es echtes Sehen ist. Wenn die Schleier unserer Ideen und Meinungen dünn genug sind, dass wir die Dinge sehen und erkennen können, wie sie sind, statt in Wunschvorstellungen über sie festzustecken, dann wird unser Blick wohltuend, still, friedvoll und heilsam. Und er wird von anderen sofort so empfunden. Er wird gefühlt, er wird erkannt – und er fühlt sich sehr gut an.

Nicht nur Kinder und andere Menschen spüren, wenn sie angeschaut werden, und können die Qualität und Absicht dieses Blickes augenblicklich spüren. Auch Tiere wissen darum und fühlen, wie wir sie sehen, mit welchen Eigenschaften des Herzens und Geistes, ob ängstlich oder voller Freude. Und Frauen kennen natürlich immer schon die bedrohliche, sie entpersönlichende und zu einem Objekt machende, raubtierhafte Aggressivität im Blick mancher Männer, die keinerlei Fürsorge empfinden und sich nicht um die Autonomie anderer scheren.

Manche Naturvölker glauben, dass die Welt unseren Blick spürt und uns ihrerseits ansieht, sogar die Bäume und Büsche, sogar die Steine. Und wenn Sie jemals eine Nacht allein im Regenwald (oder in irgendeinem Wald) verbracht haben, dann werden Sie wissen, dass die Qualität Ihres Sehens und Ihres Seins von Abrams „mehr-als-menschlicher Welt" gesehen und erkannt werden. Sie werden spüren, dass Sie definitiv so gesehen und erkannt werden, wie Sie wirklich sind, auch wenn es vielleicht nicht das ist, was Sie normalerweise zu sein meinen. Und dass Sie, ob Ihnen das angenehm ist oder nicht, ein eng verwobener Bestandteil dieser einen belebten und empfindenden Welt sind.

*

Nur der Garten war immer wunderbar.
Schon seit langer Zeit hatte sich niemand mehr um ihn gekümmert, und er war wieder völlig verwildert.
Seine Schönheit lag in einer Subtilität, die nur genaues Hinsehen wahrzunehmen vermochte.

GIOIA TIMPANELLI,
Sometimes the Soul

Da waren sie, würdevoll, unsichtbar,
In einer Bewegung ohne Drängen, über den toten Blättern,
In der Herbstwärme, durch die flimmernde Luft,
Und der Vogel rief, antwortend auf
Die ungehörte Musik verborgen im Unterholz,
Und der ungesehene Augenstrahl kreuzte sich, denn die Rosen
Boten den Anblick von Blumen, die angeschaut werden.

T. S. ELIOT,
Burnt Norton
(FOUR QUARTETS)

Hören

Der alte Weiher.
Ein Frosch springt rein –
Platsch.

Basho
(1644–1694)

Schwerer Spätherbst-Regen trommelt in der Dunkelheit auf das Dach über meinem Kopf. Pausenlos, jeden Moment. Kann ich es hören … jenseits meiner Gedanken über den Regen, nur für einen Augenblick? Kann ich dieses Geräusch „empfangen", wie es ist, ohne jeglichen Begriff, auch ohne den Begriff „Geräusch"? Ich merke, dass ich mich für das Hören nicht anstrengen muss. Ich muss gar nichts tun. Im Gegenteil: „Ich" muss, um wirklich hören zu können, zur Seite treten. Mein „Ich" ist etwas Zusätzliches. Ein „Ich", das hört, das auf der Suche nach dem Geräusch ist, das lauscht, ist gar nicht notwendig. Mehr noch: Ich merke, dass genau das der Ort ist, aus dem alles Denken hervorsprudelt, aus Erwartungen, aus Ideen über mein Erleben.

Ich experimentiere: Kann ich das Geräusch einfach kommen und auf das „Ohr-Bewusstsein“ treffen lassen, das in der bloßen Erfahrung des Hörens entsteht, wie es in jedem Moment ja bereits geschieht? Ist es möglich, dass ich mir nicht selbst im Weg stehe, sondern einfach nur das Hören da sein lasse, dass ich die Geräusche an mein Ohr dringen lasse, sie im Ohr, in der Luft, im Augenblick sein lasse, ohne irgendetwas hinzuzufügen, ohne überhaupt etwas zu versuchen?

Einfach nur hören, was es zu hören gibt: wo die Geräusche ja sowieso schon ans Tor meiner Ohren pochen. In der Stille offener Aufmerksamkeit beim Hören sein. Tropf, tropf, tropf, glucker, glucker, glucker, plätscher, plätscher, plätscher … die Luft ist voller Geräusche. Der Körper gebadet in Klang. In der tiefen Stille ist da nur der Regen auf dem Dach, der manchmal, vom Wind gepeitscht, in Sturzbächen gegen das Fenster prasselt, reiner Klang in den Ohren, der den Raum erfüllt.

In diesem Augenblick ist da irgendwo, weit im Hintergrund, das Wissen, dass ich hier sitze, dass Regen fällt; doch die Erfahrung „vor dem Denken“, hinter allen Gedanken, die sich absondern, ist die von reinem Klang, von schlichtem Hören, in dem der Hörende vom Gehörten nicht mehr getrennt ist. Da ist nur Hören, Hören, Hören … und im Hören das Wissen um Klang jenseits von Begriffen wie „Regen“, jenseits von Konzepten wie „Ich“ oder „Hören“. Das Wissen verweilt im Hören. Für diesen Moment sind sie eins.

Heute Morgen ist der Regen so mächtig, so unwiderstehlich, so fesselnd, dass die Aufmerksamkeit sich mühelos aufrechterhält. Diese Geräusche zu erleben, hat für den Moment den denkenden Geist übertrumpft. Das ist nicht immer so und ist nicht einmal die Regel. Es ist so leicht, ins Denken zu verfallen. Ich lasse mich so leicht ablenken, mich so weit wegtragen von den Ohren, dass ich den Regen gar nicht mehr höre, ganz gleich, wie heftig er ist und obwohl der Körper und die Ohren immer noch genauso in seinem Geräusch gebadet sind wie zuvor, als es „nur dies" gab …

Das also ist eine elementare Herausforderung der Achtsamkeit: Im bewussten Hören zu verweilen, nur das zu hören, was da ist, von Moment zu Moment zu Moment. Klänge tauchen auf und verschwinden, Stille in und hinter den Klängen, jenseits einer Interpretation des augenblicklichen Erlebens als angenehm oder unangenehm oder neutral, jenseits aller Merkmale und Urteile, jenseits aller Gedanken über irgendetwas, nur einfach hingegeben an das Sitzen, Hören, Atmen, Wissen …

Im Hören gibt es eine momentane Freiheit von jedem hörenden „Ich" und vom Gehörten, von einem Wissenden und dem, was gewusst wird. Nichts fehlt. Ein Augenblick ursprünglichen Geistes, leer, wissend, unendlich. Für einen kurzen Augenblick vielleicht sind wir bei unseren Sinnen angekommen, sind wir zur „Be-sinn-ung" gekommen. Können wir hier für eine Weile bleiben? Können wir hier leben? Was würden wir verlieren? Was gäbe es zu gewinnen? Wiederzufinden? Wann sind uns Klänge und der Raum zwischen den Klängen nicht präsent? Wann ist etwas, was wir sehen, nicht präsent? Sind wir für sie da? Können wir bei ihnen sein? Können wir das Wissen sein, in dem Wissen verweilen, aus dem Wissen heraus handeln, gänzlich präsent sein für das, was bereits da ist? Wie ist die Gefühlstönung eines solchen Augenblicks?

Es zu „versuchen" ist nicht die Antwort. Wir müssen nicht „versuchen" zu hören. Aber der Geist macht gern Umwege. Können wir es wissen? Können wir es wissen?

Selbst in Kyoto
– Hör ich den Kuckuck rufen –
Sehn' ich mich nach Kyoto.

BASHO

*

Sei ein Mensch, hier. Steh am Fluss, beschwöre
die Eulen. Beschwöre Winter, dann Frühling.
Lass jede Jahreszeit, die da sein möchte,
rufen. Ist der Laut verschwunden, warte.

Eine Blase quillt langsam in der Erde hoch
und schließt allmählich Himmel, Sterne, Weltraum ein,
sogar die rasend ausgreifenden Gedanken.
Komm zurück und hör den leisen Ruf wieder.

Plötzlich passt, was du erträumt,
zu jedem Traum, und es entsteht die Welt.
Käme ein anderer Ruf, so gäbe es nicht
die Welt, nicht dich, nicht Fluss, nicht Eulenruf.

Wie du da stehst, ist wichtig. Wie du
lauschst auf das, was kommt. Wie du atmest.

WILLIAM STAFFORD,
Ein Mensch sein (Being a person)

Landschaften des Hörens

Es ist 6.42 Uhr an einem Morgen Ende Juni. Bei offenem Fenster bade ich im Zwitschern von Vögeln, die ich nicht kenne –Zirpen und Pfeifen, Trillern und Schnalzen, Rufe und Antworten, kurz und lang, manche nach einigen Wiederholungen schnell wiedererkannt, andere nicht so leicht wieder herauszuhören, alle moduliert, in Synkopen, melodiös und chaotisch die Luft erfüllend, die Welt mit Lied über Lied unter Lied füllend, Lied im Lied, Lied nach Lied. In einem großen Chor geht es immer weiter, von Moment zu Moment, immer wieder neu, immer jubilierend, ein Füllhorn von Klängen, das sich überallhin ausgießt.

Gleichzeitig ist auch von einer relativ bedeutenden, ziemlich nahe gelegenen Hauptverkehrsader das deutlich zunehmende Rauschen des Verkehrs zu hören, der von der nordwestlichen Peripherie her zielbewusst in den Körper, ins Herz der Stadt fließt und unter ähnlichem Druck in Gegenrichtung hinaus. Manchmal hört man das Röhren eines mühsam beschleunigenden Sattelschleppers heraus, doch insgesamt verschmelzen das ungeduldige Quietschen von Reifen und das durchdringende Brummen der Motoren zu einem Klangstrom, der ankündigt, dass mit den Vögeln auch die Welt menschlicher Tatkraft und menschlichen Fleißes aus dem Schlaf erwacht ist.

Eine köstliche Klanglandschaft, von Zeit zu Zeit akzentuiert vom Rauschen des riesigen norwegischen Ahorns hinter mir, nah am Haus, und vom Seufzen in den Zweigen der Hemlocktannen vor mir, die gelegentlich von sanften Windstößen gestreichelt werden, wozu die Stimmen der Hundebesitzer kommen, die in diesem Moment, beim Gassigehen auf dem ungepflasterten Fußweg unter den Tannen, ein paar Worte wechseln. Jetzt kommt auch das Heulen einer Sirene dazu, klar und deutlich, kurz, nicht wiederholt, und ab und zu das Plumpsen von etwas Schwerem, das offenbar auf dem Bauernhof unterhalb des Hügels von einem Lastwagen abgeladen wird. Von irgendwo hört man auch das Warnpiepsen eines zurücksetzenden Lasters. Diese Klanglandschaft ist immer präsent. Sie ist immer gleich und doch immer anders, während die Minuten und Stunden verstreichen. Und immer, in jedem Moment, ist da der Gesang – und das gelegentliche Schreien – der Vögel.

Ich höre auf, über die Quelle der Geräusche nachzudenken, und gebe mich dem Hören hin. Es ist fast ein Baden im Klang, ein sinnliches Schwelgen in reinem Klang und den Zwischenräumen dazwischen, in diesen vielen Klangschichten. Nun sind sie einfach, was sie sind, werden nicht mehr identifiziert, nicht mehr auf eine angestrengte, bemühte Weise aufgenommen. Ich sitze einfach hier, Moment um Moment, empfange, was in der Klanglandschaft aufsteigt, es nicht einmal mehr ausdrücklich willkommen heißend, da es sowieso zu mir kommt (auch wenn es vielleicht gar nicht richtig gehört wird, weil der Geist woanders ist, abgelenkt von irgendetwas, das auch immer das Nachdenken über die Quelle der Geräusche sein kann, die ich höre, oder das Bewerten, welches ich lieber mag und welches nicht so, eben eine Meinung darüber statt des schlichten Hörens).

In dieser Hingabe an das reine, schlichte Hören gibt es in diesen Momenten nur dieses Hören. Die Geräuschlandschaft ist alles. Sie ist nicht mehr in der Welt, sie ist die Welt. Oder, genauer gesagt, es gibt keine Welt mehr. Es gibt kein „Ich" mehr, das lauscht, und keine Geräusche „da draußen". Es gibt keine Vögel, keine Bäume, keine Lastwagen und keine Sirenen mehr. Es gibt nur Klang und den Raum zwischen den Klängen. Es gibt nur das Hören in diesem ganz plötzlich zeitlosen Augenblick des Jetzt, auch während er fließend in den nächsten zeitlosen Augenblick des Jetzt übergeht. Und im Hören ist auch das unmittelbare Wissen um den Klang, wie er in seinem Entstehen, seinem kürzeren oder längeren Bestehen und in seinem Vergehen gehört wird. Es ist nicht die Art von Wissen, die auf Denken beruht, sondern ein tieferes Wissen, ein eher intuitives Wissen, ein Wissen, das irgendwie den Wörtern und Begriffen vorgelagert ist, die unser Wissen umkleiden: etwas, was hinter dem Denken liegt, fundamentaler ist … das gemeinsame Entstehen des Klanges mit dem Wissen um den Klang als Klang, als einfach nur das, was ist, bevor es vom denkenden Geist ausgeschmückt und vom Benennen bewertet wird, von unserem Mögen und Nichtmögen der Dinge, von unserem urteilenden Geist. Dies Wissen ist eine Art Spiegel für den Klang, der einfach reflektiert, was davor auftaucht, ohne Meinung oder Einstellung, offen, leer und deshalb fähig, alles aufzunehmen, was sich zeigt.

In diesem Moment ist das Eintauchen so vollständig, dass es kein Eintauchen mehr gibt. Klang ist überall, das Wissen ist überall, innerhalb der Hülle des Körpers und außerhalb, denn es gibt hier keinerlei Grenzen mehr. Da ist nur Klang, nur Hören, nur stilles Wissen innerhalb einer unendlichen Geräuschlandschaft, nur das, einfach nur das …

Das soll nicht heißen, dass keine Gedanken auftauchen. Sie tauchen auf. Es heißt vielmehr, dass das Vorhandensein von Gedanken nicht mehr auf das Hören abfärbt oder ihm in die Quere kommt. Es ist beinahe so, als seien die Gedanken selbst zu Klängen geworden und würden zusammen mit allem anderen in ihrem Entstehen und Vergehen gehört. Sie sind nicht mehr ablenkend oder störend, denn da sie erkannt werden, neigen sie dazu, zu zerschmelzen, statt endlos weiterzuwuchern. Das Wissen ist wie der Himmel, wie die Luft. Wie der Raum ist es überall, grenzenlos. Es ist nichts anderes als Gewahrsein selbst. Rein. Schlicht und einfach. Es ist auch absolut rätselhaft, denn es ist nicht etwas, was ich erzeuge, sondern eher so etwas wie eine Qualität des Lebendig-Seins, die manchmal ans Licht kommt wie ein scheues Tier, das aus dem Wald auf eine Lichtung tritt, um sich auf einem Baumstamm zu sonnen. Es verweilt, wenn ich still bin und in meinem geistigen Raum keine abrupten Bewegungen mache.

Das Zifferblatt zeigt jetzt 8:33 Uhr. In diesen Stunden ist eine unendliche Zahl von Momenten vorbeigezogen – und doch ist keine Zeit vergangen. Ich fühle mich gesalbt, gesegnet von diesem Bade, von diesem Eintauchen in eine Geräuschlandschaft, die keinen Anfang und kein Ende kennt, von diesem Wunder des Hörens, das Wachheit ist, das Wissen ist. Ich frage mich, ob es überhaupt Momente gibt, in denen mir dieses „einfach das" nicht zur Verfügung stünde. Was brauchen wir, damit wir hören, was immer schon da ist, akzentuiert und getragen von einer großen, fundamentalen Stille?

Im Laufe des Tages merke ich: Wenn ich achtlos bin, also nicht im Gewahr-Sein geerdet, während der Tag sich entfaltet, kann es sein, dass ich, ehe ich mich's versehe, stundenlang nichts mehr höre außer dem Dröhnen des Gedankenstroms in meinem Kopf – egal, was an mein Ohr dringt.

*

Beim Meditieren mit einer Gruppe von Umweltaktivisten, auf einem felsigen Strand auf Windfall Island an der Mündung der Tebenkof-Bucht in der Tongass-Wildnis in Südost-Alaska, direkt an der Chatham-Straße und gegenüber den schneebedeckten Gipfeln der Baranov-Insel, kann keiner von uns umhin zu bemerken, wie viel die Buckelwale zu der Geräuschkulisse in der taufrischen Luft dieser Wildnis beitragen, während sie Tag und Nacht mit den Gezeiten zwischen Bucht und offenem Meer hin- und herschwimmen. Wir hören das Tosen ihres Ausatmens, lang, tief, volltönend, und so elementar, so uralt, dass es scheint, als würden wir überflutet von Atemgeräuschen, die an diesem Ort schon seit Millionen Jahren auf dieselbe Weise geschehen (was natürlich in der Tat so ist). Wenn wir sensibel genug sind, hören wir manchmal auch ihren Einatem, kurz bevor sie wieder abtauchen. Wenn wir die Augen offen haben, hören wir das Ausatmen nicht nur, wir sehen es auch, sogar aus ziemlicher Entfernung, als Geysir aus weißem Dampf, der bei jedem Auftauchen hoch in die Luft schießt. Wir haben das Gefühl, dass sie irgendwie wissen, dass wir hier auf diesem Strand sitzen, die Augen meistens geschlossen. Eine Zeit lang tauchen wir ein in eine Welt, die wahrscheinlich ein bisschen anders ist als vor fünf- oder fünfzehntausend Jahren (oder noch mehr): eine weite und uranfängliche Stille, in der Klänge anfluten und verebben. Weißkopf-Seeadler lassen ihre Schreie hören, Raben krächzen, kleinere Vögel auf dem Wasser und in der Luft mischen sich mit ihren verschiedenen Rufen und Schreien darunter, die Wellen laufen an Land, der Wind weht durch einen uralten gemäßigten Regenwald aus Sitkafichten und Hemlocktannen, der die Gewalt strenger Winter kennt, aber nicht die scharfen Schnitte der Kettensäge. Wir sitzen hier, öffnen uns dieser Welt, dieser Klanglandschaft, ihren uralten Erinnerungen. Oder sind es Gewissheiten?

*

Unser Hund weiß sehr gut, dass das Nichtgehörte genauso zur Geräuschlandschaft gehört wie das Gehörte. Wenn er hört, dass sich die Fliegentür an unserem Hintereingang öffnet und schließt, ohne dass das Schloss hörbar einschnappt, dann weiß er, dass er aus dem Haus entwischen kann. Er weiß es einfach. Dies ist ein simples Beispiel dafür, dass auch das Nichthören in der Geräuschlandschaft signifikante Informationen enthalten kann, wenn wir genug darauf eingestimmt sind, die Abwesenheit von Geräuschen sowie Veränderungen im Muster von Klang und Stille zu entdecken. Musik kitzelt vielleicht unsere Gehörnerven, wie Taj Mahal einst gesungen hat,* aber die Geräuschlandschaft ist nicht nur Ton und Geräusch, sie besteht aus dem gesamten Universum aus Tönen und Stille, an dem wir durch unser Hören teilhaben, wenn wir bereit sind, uns völlig dem bloßen Sein zu überlassen, nichts weiter, nur beim Hören zu SEIN.

Während ich hier sitze, höre ich von draußen ein Geräusch wie von einem Müllwagen. Heute ist aber nicht Müllabfuhr. Vielleicht ist es eine Kehrmaschine, sagt mein Kopf, der das Geräusch irgendwie identifizieren möchte. Aber es hört nicht auf. Vielleicht ein Erdbohrer? Es hört sich an, als fahre ein Lastwagen ewig eine steile Steigung hinauf, ohne von der Stelle zu kommen. Vielleicht bessern sie irgendwo die Straße aus. Ich kann jetzt hier sitzen und endlos darüber nachdenken, wo das Geräusch herkommt; wie sehr ich mir wünsche, dass es aufhört; warum da am frühen Morgen so ein Krach ist. Vielleicht sollte ich aufstehen und nachsehen, woher das Geräusch kommt, wer da so viel Krach macht?

---

* Eine Anspielung auf das Album „Satisfied 'n Tickled Too" des US-Bluesmusikers Henry Saint Clair Fredericks, der unter dem Künstlernamen „Taj Mahal" auftrat (Anm. d. Übers.)

Aber wozu? Im Moment sitze ich hier. Ich habe die Wahl, ob ich mich gestört fühle oder nicht. Doch der Gedanke, dass ich diese Wahl habe, scheint irgendwie weit hergeholt, eine Übung in Willenskraft, ein Versuch, mich dem zu widersetzen, was bereits existiert, was bereits da ist, nämlich dieses Geräusch. Ich beobachte, wie ich zwischen Gestört-Fühlen und Nicht-Gestört-Fühlen hin und her schwanke.

Hinter diesem Spiel meines Geistes ist reiner Klang. Das Geräusch hören und nicht zu wissen, „was" es ist, ist beides Wissen. Kann ich in diesem Moment einfach in diesem Wissen verweilen? Dem Wissen, das nicht weiß und nicht wissen muss, und das sich damit zufriedengibt, dass diese Geräusche in diesem Augenblick eben da sind? Die Dinge sind in diesem Moment genau so, wie sie sind. Können sie akzeptiert werden, wie sie sind, weil alles andere nur zu Aversion, Frustration, Störung und noch größerer Ablenkung führen würde?

Der Geist sondert einen Gedanken ab: Vielleicht könnte ich das Geräusch leichter annehmen, wenn ich wüsste, was es ist, wer es produziert und wie lange es wahrscheinlich noch dauert.

Gewahrsein erkennt auch diesen Gedanken als einen Gedanken, während er entsteht. Gewahrsein nimmt wahr, wie der denkende Geist herumfuchtelt und verzweifelt nach einer Erklärung greift, nach etwas tastet, das ihm Sicherheit geben würde, nach einem Koordinatensystem, das ihm das Annehmen erleichtern würde, nachdem er durch einen völlig unnötigen alchemistischen Prozess aus dem, was bloße Geräusche waren, „Krach" gemacht hat. Bewusstheit sieht auch, dass diese Gedanken, die Irritation, der innere Kampf, das Herumfuchteln etwas Zusätzliches sind, das ebenso unnötig ist. Es sind Hindernisse für das friedliche Verweilen, und ironischerweise viel größere Hindernisse als das Geräusch selbst. Im Hören und im Wissen hinter dem Geräusch ist friedliches Verweilen. Ich lasse mich darauf ein. Für einen Augenblick hört das Geräusch auf und fängt dann wieder an. Kein Hindernis entsteht.

Plötzlich erlebt der Geist ein krampfhaftes Unbehagen. Er möchte unbedingt herausfinden, woher das Geräusch kommt. Irgendwie schwinden Gewahrsein und das höhergesteckte Ziel dahin. Der krampfhafte Drang, die Quelle des Geräuschs zu identifizieren, bringt meinen Körper dazu, aufzustehen und aus dem Fenster zu schauen.

Ein großer Laster fährt vorbei. Das ist ein Geräusch, aber nicht *das* Geräusch. Was hat das Aufstehen und Nachsehen mir gebracht? Gar nichts.

Ich nehme das Sitzen wieder auf und richte mich im Hören ein. Der Drang, herauszufinden, woher das Geräusch kommt, wird immer stärker, je länger es anhält. Ich sitze weiter und gehe in diesem Drang auf. Nach einer Weile entfernt sich das Geräusch und verschwindet, und das Vogelzwitschern tritt wieder hervor. Das Denken lässt sich etwas Neues einfallen, selbst jetzt, als es ruhiger ist. Das wird wahrgenommen. Ein Lächeln breitet sich auf meinem Gesicht aus. Der Atmen strömt ein und aus. Hier sitzen, nur sitzen und hier sitzen … eine Weite, die nicht mehr befleckt ist von Gedanken über Geräusche und Stille. Gewahrsein. Keine Unterbrechungen mehr. Der Geist unterbricht sich selbst nicht mehr. Im Augenblick ist da nur noch „einfach das". Einfach das.

Das Geräusch kommt zurück. Das Lächeln wird breiter, verweilt, löst sich auf.

Landschaften der Luft

Stellen Sie sich vor, Sie wären unter Wasser, könnten aber trotzdem noch atmen.

Und jetzt versuchen Sie, sich zu bewegen.

Bewegen Sie nur einen Arm und eine Hand, zuerst ganz langsam. Spüren Sie, wie das „Wasser“ um den Arm herumströmt, zwischen den Fingern hindurch und über den Handrücken? Während ich mir das jetzt vorstelle, spüre ich in der Bewegung selbst etwas Fließendes; es ist, als hätten mein Arm und meine Hand plötzlich ein neues Leben. Sie scheinen von sich aus auf Entdeckungsreise gehen zu wollen, überallhin zu fließen und zu wogen, spontan mit größerer Bewegungsfreiheit zu experimentieren. Diese langsamen, in sich eleganten Bewegungen scheinen allein durch meine Vorstellung, mich in einer Flüssigkeit zu befinden, noch flüssiger zu werden.

Wenn Sie das jetzt ebenfalls tun, spüren Sie, wie anmutig Ihre Bewegungen bereits geworden sind? Und wie mühelos? Genießen Sie dieses Gefühl, so lange Sie mögen, während Sie sich weiter bewegen. Und wenn Sie mögen, überlassen Sie nun den ganzen Körper der Bewegung. Werden Sie zu einem Büschel Seetang, das in Strandnähe inmitten eines ganzen Feldes von wogendem Seetang hin und her wogt. Wenn Sie noch sitzen, könnten Sie jetzt aufstehen und den ganzen Körper, alles: Arme, Beine, Rumpf und

Kopf sich bewegen lassen, wie es will. Spüren Sie die wogenden Strömungen um Ihren Körper, der auf die Flüssigkeit, in die er eingetaucht ist, antwortet, wie es ihm gefällt.

Wir leben tatsächlich am Grunde eines Ozeans – eines Ozeans aus Luft. Lassen Sie also das Bild des Wassers los und versuchen Sie spielerisch, diesen Ozean aus Luft mit Ihrer Haut tatsächlich zu spüren, während Sie wie zuvor Arme und Hände langsam bewegen. Fühlen Sie das Strömen der Luft durch die Finger, um die Hände herum, baden Sie in den Empfindungen, die auftauchen (egal, welche es sind). Lassen Sie sich mehr und mehr im Körper ankommen, bringen Sie mehr und mehr Bewusstheit in den Körper als Ganzes … lassen Sie ihn seine Bewegung alleine finden … Vielleicht bemerken Sie, wie das Gefühl für den Körper in Bewegung sich auf einmal, auf erstaunliche Weise, in die Essenz des Tai-Chi verwandelt – fließende Bewegung in der Stille, in einem Ozean des Gewahr-Seins, einem Ozean aus Luft.

Lassen Sie sich jetzt zur Ruhe kommen und spüren Sie die Luft mit dem ganzen Körper. Statt nach einem bestimmten Gefühl zu suchen, lassen Sie es von selbst auftauchen, so, als lauschten Sie mit der Haut, ob die Luft etwas sagt. Sie müssen nicht nach etwas greifen oder versuchen, irgendetwas zu tun oder zu fühlen. Schließlich ist die Luft ja bereits überall um Sie herum und in Ihnen und berührt Sie.

Nun spüren Sie (ohne es allzu sehr zu versuchen), wie Sie bereits in diese Flüssigkeit eingebettet sind, wie der Ozean der Luft Ihre Haut liebkost, sie umhüllt und umfängt, selbst wenn er sich in einem Zimmer kaum bewegt, selbst wenn er völlig stillsteht. Spüren Sie, wie es Sie auf geheimnisvolle Weise dazu drängt, ihn wieder und immer wieder durch Nase und Mund in den Körper einzusaugen, wie das ohne Ihr Zutun geschieht, ohne dass Sie irgendetwas erzwingen müssten, ja, ohne jede

Willensregung. Spüren Sie, wie die Luft durch die Gefäße Ihrer Lungen aufgenommen wird, und denken Sie einen Augenblick lang nach: Wie die Sauerstoffmoleküle, unvorstellbar winzig, durch die vergleichsweise riesigen, aber ebenfalls unvorstellbar winzigen Hämoglobin-Moleküle wie durch Zauberhand aus der Luft, die aus den Alveolen in Ihren Lungen diffundiert, in den Blutkreislauf geangelt und dann in die Blutkörperchen (die durch die Verbindung mit Sauerstoff jetzt hellrot sind) gepackt werden, die nichts anderes tun, als mit jeder Kontraktion des linken Herzventrikels diese Essenz der Luft zu den Billionen Zellen zu transportieren, aus denen der unendlich komplizierte Kosmos Ihres Körpers besteht, der ohne diese lebenswichtige Nahrung sehr bald sterben würde. Eine solche Reflexion gibt Ihnen vielleicht Gelegenheit, für einen Moment innezuhalten, buchstäblich zu verschnaufen und sich ganz bewusst in der Luftlandschaft zu positionieren.

Ich habe zur Zeit eine Art „Fernbeziehung“ mit der Luft. Wenn ich an sie denke, sind wir zusammen. Wenn ich sie vergesse, sind wir getrennt, bis die Luft selbst mich wieder daran erinnert und mich in den Körper zurückbringt.

Dabei ist es ja nicht schwer, die Luft zu lieben. Im Sommer wehen leichte Morgenbrisen über meine bloßen Schultern, während ich mit offenen oder geschlossenen Augen dasitze und atme. Ich spüre die Luft um den Körper herum mit der Haut, und schon ist die Haut erfrischt. Ich bade in den gelegentlichen Windstößen und den sanfteren Strömungen im Raum, trinke die Feuchtigkeit und Frische der Luft und bin plötzlich wacher. Die klamme Feuchte eines schwülen Abends spricht in ihrer eigenen Sprache zu Haut und Nase, genauso wie ein aufregend frischer Meerwind, der mir direkt ins Gesicht bläst, der Balsam eines winterlichen Tauwetters oder ein frostig-scharfer Januarwind, der an jeder freiliegenden Stelle in die Haut beißt.

Das war nicht immer so. Die meiste Zeit meines Lebens war für mich die Luft buchstäblich „Luft"; ich nahm sie im Grunde gar nicht wahr und wusste sie noch weniger zu schätzen. Ganz langsam dämmerte mir dann die Erkenntnis, dass sie in der Tat „nur Luft" ist – aber was ist das für ein Geschenk! Was für ein Geschenk für die Sinne – diese Einladung, zu fühlen, was sich uns bereits darbietet; zu erleben, dass wir ständig eingehüllt und genährt werden, allzeit berührt von Ariel, dem Geist der Luft selbst, und ihn berührend. Wir atmen und werden geatmet. Wir leben in der Luft, wie Gestalten von Chagall, und von der Luft (manchmal, ohne es zu merken).

Wenn ich mit einer gewissen Zuneigung, Vertrautheit und Regelmäßigkeit mit der Luft umgehe, also mit zunehmender Achtsamkeit, dann komme ich nicht umhin zu bemerken, dass die Luftlandschaft ständig im Fluss ist. Einen Moment ist sie in Bewegung, im nächsten Moment steht sie still. Sie lockt mich, weckt mich, hält mich auf Trab, wenn ich sie auf diese Weise fühle. Jetzt ist sie warm. Ich schaue und spüre wieder nach, und sie ist kühl. Zu verschiedenen Tages- und Jahreszeiten zeigt dir die Luft ihre facettenreiche Persönlichkeit. Die süße Kühle zum Schuljahresanfang, voller Erinnerungen; der erfrischende Frost des Winters (noch mehr Erinnerungen); gelegentlich im Winter ein warmer Tag mit dieser ganz eigenen Atmosphäre, die so tut, als wäre es Sommer, und es doch nicht schafft, weil ringsum noch Schnee und Eis liegen und tauen und der Luft eine einzigartige Signatur von Gefühlen und Gerüchen geben.

Die Luft, die Luft, die Luft. Wenn man erst einmal anfängt, auf sie zu achten, sie zu lieben, dann versteht man schnell, warum sie von frühen Hochkulturen als ein Ur-Element hoch geachtet und verehrt wurde. Die Luft! Die Luft! Ich schaue hinaus auf die Reihe von Hemlocktannen, wie sie im Wind schwanken und Tai-Chi spielen. Ich spüre, wie dieselbe Luft, die sie bewegt, jetzt auch mir über den Rücken, die Schultern und den Nacken streicht. Darin sind wir eins, werden wir von derselben Welle berührt, und ein jedes bewegt sich darin auf seine Weise. Und erstaunlicherweise sind wir gleichzeitig in einem Austausch verbunden, der größer ist als wir, an dem alles Leben, Pflanzen wie Tiere, in jedem Augenblick auf dem gesamten Planeten teilhat, ein Geben und Nehmen zwischen diesen beiden riesigen Königreichen des Lebens, auf kosmischer Ebene, ein Sich-Erneuern und Revitalisieren der Luft, die auch uns erneuert und revitalisiert.

Und dieser dynamische Austausch ist es, Wunder über Wunder, der die dünne und seltsam verletzliche Decke namens Atmosphäre aufrechterhält, die unser kugeliges Zuhause einhüllt und umarmt, innerhalb der unvorstellbaren Grenzenlosigkeit des Vakuums, das wir Weltraum nennen, eines Vakuums fast völliger Leere, von fast nichts.

Und das ist, von unserem Standpunkt als Lebewesen aus, alles … denn ohne die unsichtbare Luft sind auch wir sehr schnell wieder nichts.

Hast du, der du nur Luft bist,
Sinn, Gespür für ihre Leiden?

William Shakespeare,
Der Sturm (The Tempest)

Landschaften des Berührens

Es berührt uns nicht nur die Luft, obwohl ihre Berührung ja konstant ist. Unser Körper berührt jeden Stuhl, auf dem er sitzt, jedes Stück Erde oder Fußboden, auf dem er steht, jede Oberfläche, auf der er liegt, jedes Kleidungsstück, mit dem die Haut in Kontakt kommt, jedes Werkzeug, das wir in die Hand nehmen, jedes Ding, das wir ergreifen, hochheben, werfen, auffangen oder weiterreichen. Und, was wahrscheinlich das Wichtigste ist: Wir berühren einander auf vielfältigste Weise – manchmal automatisch, manchmal beiläufig, manchmal sinnlich, manchmal romantisch, manchmal liebevoll, manchmal aggressiv, manchmal gefühllos, manchmal im Zorn. Je nachdem, wie wir berührt werden, können wir uns geliebt, angenommen, geschätzt oder aber ignoriert, missachtet oder angegriffen fühlen. Wir berühren uns beim Händeschütteln, wenn wir jemandem auf die Schulter klopfen, den Arm um die Schulter legen, einen Klaps geben, jemanden umarmen, hochheben, knuddeln, küssen, streicheln, massieren oder wenn wir tanzen. Und dann gibt es noch Formen der Berührung, die meistens im Sport vorkommen und durch bestimmte Vorschriften, die andere sind als die üblichen sozialen Normen, geregelt sind: rempeln, grätschen, stoßen, ringen, sogar treten oder mit der Faust schlagen. Und dann gibt es noch die Fälle, in denen wir auf eine Art berührt werden oder berühren, die unfreundlich, bedrohlich oder noch schlimmer ist. Natürlich gibt es auch immer mehr Gesetze, die diese Art Berührung gesellschaftlich regeln, damit wir in unseren individuellen Grundrechten auf körperliche Unversehrtheit und Selbstbestimmung geschützt sind.

Aber wie auch immer oder was auch immer wir berühren, sei es Belebtes oder Unbelebtes, Pflanze, Tier oder menschliches Wesen, ein Fremder, Klient, Kollege, Freund, Kind, Elternteil, Geliebter oder Geliebte: Wir können entweder achtsam oder aber unachtsam, gedankenlos berühren. Und in jedem Moment haben wir die Möglichkeit, durch bewusstes Gewahr-Sein unmittelbar zu wissen, wie wir berührt werden, wie wir uns fühlen und was wir von Moment zu Moment als Konsequenz aus der Art, wie wir berühren oder berührt werden, empfinden. Dies ist die Welt der Berührung, die „Berührungslandschaft", wenn Sie so wollen, das sensorische Feld des immer gegenseitigen, unmittelbaren somatischen Kontakts zwischen uns und der Welt, die wir, sei er nun oberflächlich oder tief bedeutungsvoll gemeint, mit jedem Quadratzentimeter unseres Körpers fühlen können.

Während ich hier im Schneidersitz vor dem Schreibtisch auf dem Boden sitze, bin ich mir der Empfindungen bewusst, die von meinem Po im Kontakt mit dem Meditationskissen (*Zafu*) kommen sowie von den Außenseiten der Unterschenkel, die von den Knien bis zu den Fußgelenken und den nach oben gedrehten Füßen gestreckt sind und einer hinter dem anderen auf der baumwollgefütterten Matte (*Zabuton*) liegen, die sie gegen den Fußboden abpolstert. Ich bin mir auch der Berührungsempfindungen bewusst, die von den Oberflächen der Füße kommen, die mit dieser Polsterung ebenfalls in Kontakt sind. Dies sind momentan die einzigen Teile meines Körpers, die in Kontakt mit der Unterlage sind, die mich aufrecht halten, während die

Schwerkraft jeden Teil des Körpers konstant nach unten zieht, sodass ich völlig entspannt in dem Gleichgewicht ruhen kann, das diese Stellung mit sich bringt.

Die vorherrschende Empfindung ist im Moment eine gewisse Schwere im unteren Teil der Hinterbacken, die ein bisschen in die Rückseite der Oberschenkel ausstrahlt, da wo sie den Druck des Oberkörpers aufnehmen, der nach unten in das gut gepolsterte *Zafu* drückt. Das Becken ist leicht nach vorne gekippt, und so biegt sich das Kreuz etwas nach vorne Richtung Unterbauch, wird zum Hohlkreuz, sodass der größte Druck auf den Knochen ruht, die unter dem Gluteus Maximus liegen. Im linken Knie ist eine stärkere Kontraktionsempfindung als im rechten, weil linkes Bein, Fuß und Ferse näher am Perineum liegen als das rechte Bein, das außerhalb des linken liegt und im Kontakt mit dem *Zabuton* darunter ist. Durch die Kontraktionsempfindung fühlt sich das Knie im Moment etwas gestaut an; Empfindungen des Kribbelns und Pulsierens, ja Pochens sind dort stärker als im anderen Knie. Dann ist da auch die Weichheit der Polsterung gegen die Außenseiten der Unterschenkel und die Oberseiten der Füße. Ich nehme wahr, dass manche der Empfindungen in den Beinen und Hinterbacken vom Kontakt mit dem herrühren, auf dem der untere Teil meines Körpers in dieser Haltung ruht; aber andere, wie die Empfindungen im Knie, gehen über diesen physischen Kontakt hinaus und umfassen auch Empfindungen, die einfach mit dem Gewahrsein des Körpers von sich selbst zu tun haben – damit, wie sich die verschiedenen Körperteile im Bezug zueinander und zu dem Raum, den der Körper einnimmt, verhalten. Dies gehört zu der Sinneserfahrung der „Propriozeption“ (vom lateinischen *proprius*: „eigen“).

Der Rest meines Körpers berührt nur die Luft um mich herum, abgesehen vom Kontakt der Handballen mit der Handauflage des Laptops und der Fingerspitzen mit den Tasten, während ich an diesem Tisch mit den abgesägten Beinen, der mir als Schreibtisch dient, sitze und tippe. Zu den Empfindungen in den Handballen gehören Wärme (der Laptop strahlt Wärme ab), Glätte und Härte der Plastikoberfläche, auf der sie liegen, und die Schwere ihres Eigengewichts. Die Handballen, die das Gewicht der Arme tragen, fühlen sich verankert und gewichtig an. Die Finger, in der üblichen Haltung über der Tastatur leicht gekrümmt, fühlen sich leicht an, voller Energie und pulsierend.

Natürlich ist die Berührung nicht abgekoppelt von den anderen Sinneswahrnehmungen, und so bin ich in diesem Moment auch der Geräuschlandschaft gewahr, die mich über die Luft erreicht, die meine Haut badet und mit jeder Kontraktion des Zwerchfells in die Lungen einströmt. Ich werde auch davon berührt, aber auf eine Weise, die sich anders anfühlt als die direkte somato-sensorische Empfindung der Berührungslandschaft. Die Geräuschlandschaft fühlt sich weniger greifbar an, körperloser, bis ich bemerke, dass mein gesamter Körper, nicht nur die Ohren, die Geräusche aufnimmt. Und während ich jetzt genauer darauf achte, spüre ich tatsächlich die physischen Vibrationen der Geräusche, die in manchen Fällen bis in die Knochen dringen.

Gleichzeitig nehme ich wahr, was sich meinen Augen kontinuierlich darbietet und was wir eine „Sehlandschaft" nennen könnten: den Bildschirm, auf dem diese Wörter erscheinen – noch vor dreißig Jahren, im Zeitalter der elektrischen Schreibmaschinen, hätte man eine solche Erfahrung dem Bereich der Science-Fiction zugeordnet –, und jenseits des Bildschirms das Zimmer, in dem das frühe Morgenlicht, das durch das Fenster zur Rechten fällt, nur ein paar senkrechte Flächen beleuchtet; die Rückseite des Schreibtischstuhls, ein Stück des Schreibtischs, ein rotes Buch mit losen Blättern, das in die Lücke neben dem Drucker gesteckt ist; und die Kalligraphien des Sonnenlichts – die Schatten einiger Blätter des riesigen norwegischen Ahorns vor dem Fenster –, die auf magische Weise auf dem senkrechten Brett auftauchen, welches das Regalbrett über dem Drucker trägt. Nach ein paar Minuten sehe ich wieder hin, und alles ist anders – kein Licht mehr auf dem Schreibtisch, die Schatten-Kalligraphie wird jetzt aus einem anderen Winkel projiziert, und Blätter und Zweige erscheinen flacher und klarer umrissen.

In seinem Buch über das Berühren („Körperkontakt: Die Bedeutung der Haut für die Entwicklung des Menschen") merkt Ashley Montague an, dass das englische Wort „touch" („Berührung") sich dadurch auszeichnet, dass es den längsten Eintrag im Oxford English Dictionary hat. Das heißt, dieser Eintrag ist sogar länger als der für das Wort „love" (Liebe). Und wenn wir darüber nachdenken, dann ist das auch keineswegs überraschend. Denn was wäre Liebe ohne Berührung? Berühren ist für das Leben etwas absolut Elementares. (Im Biologieunterricht im Gymnasium, in dem wir unter dem Mikroskop Zellen und kleine Tierchen betrachteten, stupsten und stachen, wurde diese Tatsache klinisch-kalt als „Reizbarkeit" bezeichnet.) Wir sind in die Welt eingebettet und kennen sie durch all unsere Sinne, aber der grundlegendste Sinn, der am wenigsten spezialisierte, der globalste Sinn muss das Berühren sein, das sich über die Membran der Haut vermittelt, die uns umschließt, die unseren Körper definiert und unser inneres Milieu von der Außenwelt abgrenzt. Bevor wir geboren wurden, wuchsen wir innerhalb der lebendigen Umwelt eines anderen Wesens und seines Körpers in unseren Körper und unser Sein hinein, umschlossen von weiteren Membranen, die uns trennten und doch verbanden, noch nicht richtig zwei, noch nicht einmal separate Körper – die elementarste Form der Berührung und des Umfangen-Seins. Wir wissen das alles und vergessen doch oft – oder spielen herunter –, was für ein absolutes Wunder, was für ein lebendiges Rätsel das ist. Die eine Seite haben wir alle miterlebt, und alle Mütter kennen beide Seiten.

Vor der Geburt und danach werden wir durch Berührungen, durch fürsorgliche Berührungen, liebevolle Berührungen, liebevolle Umarmungen genährt. Wenn Babys gestillt werden, tasten sie gewöhnlich, während sie sich an der einen Brustwarze festsaugen und trinken, nach der anderen Brustwarze und halten sie fest; sie berühren die eine mit Lippen und Zunge und die andere mit ihren winzigen, perfekten Fingern und schließen so Kreisläufe der Liebe und dauerhaften Fürsorge, des nährenden Verbunden-Seins, einer Nahrung, die weit über die Muttermilch hinausgeht. Und wenn sie herumgetragen werden, sind Babys ständig in Berührung mit dem Körper der Eltern. Und wenn Babys im Bett der Eltern schlafen, dann geht der körperliche Kontakt auch im Schlaf weiter, sind sie eingehüllt in einen gemeinsamen, warmen und liebevollen Kokon.

Wie wichtig der Tastsinn ist, zeigt sich auch in den Metaphern unserer alltäglichen Sprache. Wir nehmen „Kontakt" auf, kommen mit etwas „in Berührung", haben die „Fühlung verloren", haben „Fingerspitzengefühl" (oder auch nicht), haben ein „Gespür" für etwas (oder auch nicht), haben „Berührungsängste", „tasten" nach Worten, sind „berührt", „gerührt" oder „angerührt", „bewegt", wenn wir eine „rührende" Szene sehen. Oder „mitgenommen", „angegriffen", wenn uns etwas schockiert hat. Jemand ist ein „Rühr-mich-nicht-an", wir rücken jemandem „auf die Pelle", etwas geht uns „unter die Haut". „Rühr nicht an dieses leidige Thema! Ich möchte aus der Haut fahren!" Wir „streifen" ein Thema oberflächlich, haben „Zugriff" auf Informationen, kriegen das Problem nicht in den „Griff", können einfach nicht „fassen", was passiert ist. Und so weiter.

Der Berührungssinn, auch Tastsinn genannt, ist vom neurologischen Standpunkt aus eigentlich eine Anzahl verschiedener Sinneswahrnehmungen, die jedoch zu einem einzigen Sinn zusammengefasst werden. Den Druck eines Kontakts zu spüren ist eine solche Wahrnehmung. Die Temperatur dieses Kontakts zu spüren ist eine andere. Einen Kontakt zu spüren, der so intensiv ist, dass er Schmerz verursacht, ist wieder eine andere, genauso wie eine Liebkosung, die so liebevoll ist, dass sie uns Lust bereitet.

Eine weitere Dimension dieses Sinnes betrifft unsere Fähigkeit, den Körper innerlich zu spüren, also zum Beispiel zu wissen, wo unsere Hände sind, ohne dass wir hinschauen oder sie bewegen, oder zu wissen, wie die Haltung unseres Körpers in einem bestimmten Moment ist. Diese Sinneswahrnehmung, die wir alle besitzen, wird, wie bereits erwähnt, *Propriozeption* genannt; durch sie spüren und wissen wir, wo der Körper sich räumlich befindet, wie er sich im Raum orientiert und was seine Bewegungen und Absichten sind.*

Propriozeption ist etwas derart Fundamentales, dass wir ihr in unserem Gewahrsein fast nie einen speziellen Status einräumen. Wir halten sie einfach für selbstverständlich. Aber wie wir im ersten Teil von „Das heilende Potenzial der Achtsamkeit" noch sehen werden, ist der Verlust der Propriozeption durch eine Schädigung der sensorischen Nerven eine wirkliche Katastrophe. Man weiß und fühlt nicht mehr, dass man innerhalb einer größeren Welt sozusagen der Bewohner des eigenen Körpers ist, der in einem bereitwilligen Universum potenzieller intentionaler Aktivität residiert. Unsere Hände und Beine gehören uns nicht mehr. Sie sind fremde Objekte, ohne Wert und Nützlichkeit. Wir können sie nicht mehr auf die gewohnte Weise bewegen. Die Verbindung zu ihnen und zum Körper insgesamt ist abgeschnitten.

---

* Manche Neurowissenschaftler verwenden einen weiteren Begriff, *Interozeption*, um unser Gespür für den physiologischen Zustand des gesamten Körpers und seine kontinuierliche Regulierungs-Aktivität mit dem Ziel der Homöostase, des inneren Gleichgewichts, zu bezeichnen. Ein „inneres Berühren", wenn Sie so wollen, das uns in die Lage versetzt, zu wissen, wie wir uns fühlen.

Wir haben die Fühlung komplett verloren. Zum Glück ist dieser Zustand äußerst selten.

Sich der Propriozeption nicht bewusst zu sein und damit im aktuellen Handeln die Fühlung zum eigenen Körper verloren zu haben, das ist allerdings – traurigerweise – extrem häufig. Zum Glück lässt sich in diesem Fall sehr viel dafür tun, dass wir diese wundervolle Dimension lebendiger Erfahrung augenblicklich wiedergewinnen, denn sie ist nie weit weg, ist uns immer näher als nah. Wir haben nur deshalb die Fühlung verloren, weil wir das, was bereits da ist, ignorieren. Wenn wir dieses Ignorieren abfallen lassen, sind wir augenblicklich wieder „bei Sinnen", weil die Sinne ihre Arbeit jederzeit und immer schon tun. Das ist ihre Natur. Wir brauchen bloß wach zu werden für sie.

Nach dem Regen nach vielen Tagen ohne Regen
bleibt es kühl, wohnlich und erfrischt, unter den Bäumen,
und die Feuchtigkeit dort, nun vermählt mit der Schwerkraft,
fällt von Ast zu Ast, von Blatt zu Blatt, zum Boden hinab,

wo sie sich verlieren wird – und doch nicht verschwinden,
außer für die Augen. Die Wurzeln der Eichen bekommen
ihr Teil,
und die weißen Fäden der Gräser, und das Mooskissen;
ein paar Tropfen, rund wie Perlen, betreten den
Maulwurfs-Tunnel;

und bald werden viele kleine Steine, vergraben
seit Tausenden von Jahren,
sich berührt fühlen.

Mary Oliver,
Im Nachklang des Glücks (Lingering of Happiness)

In Fühlung mit deiner Haut

Manche Neurowissenschaftler verwenden einen weiteren Begriff, *Interozeption*, um unser Gespür für den physiologischen Zustand des gesamten Körpers und seine kontinuierliche Regulierungs-Aktivität mit dem Ziel der Homöostase, des inneren Gleichgewichts, zu bezeichnen. Ein „inneres Berühren“, wenn Sie so wollen, das uns in die Lage versetzt, zu wissen, wie wir uns fühlen.

Die Haut ist unser größtes Sinnesorgan. Irgendjemand hat einmal ausgerechnet, dass sie bei einem Erwachsenen eine Fläche von knapp zwei Quadratmetern bedeckt und etwa vier Kilo wiegt. Wir neigen dazu, die Haut als *das* Organ der Berührung schlechthin zu betrachten, obwohl man sagen könnte, dass wir (wie wir gesehen haben) durch die anderen, stärker spezialisierten Sinnesorgane von der Welt ebenfalls berührt werden.

Doch das, was wir mit dem Wort „Berührung“ assoziieren, hat vor allem mit der Haut zu tun. Dasselbe gilt für einen bestimmten Gebrauch des Wortes „fühlen“. Denn über die Haut findet das statt und fühlen wir das, was wir „körperlichen“ Kontakt mit der Welt nennen, und hier ist die Wechselseitigkeit unseres Kontakts mit der Welt am offensichtlichsten. Denn wir können nicht etwas berühren, ohne im selben Moment davon berührt zu werden. Wenn wir barfuß gehen, küssen unsere Füße die Erde mit jedem Schritt, und wir fühlen, wie die Erde uns zurückküsst. Wenn wir natürlich „die Fühlung verloren haben“, dann spüren wir es nicht, auch wenn die Berührung selber außer Zweifel steht. Wie wir wissen, ist der beste Weg, die Fühlung zu verlieren, der, dass unser Geist zerstreut oder abgelenkt ist – wenn wir in Grübeleien versunken sind, in den Strom unserer Gedanken und Emotionen, in unsere Beschäftigung mit uns selbst, wie das so oft der Fall ist. Dann sind wir nicht offen für das direkte Erleben des Augenblicks. In unserem digitalen Zeitalter besteht das große Risiko, dass wir endgültig und auf Dauer zerstreut sind, weil wir unaufhörlich selber Zerstreuung suchen. Und es erfordert mehr Geistesgegenwart als je zuvor, mit dem in Kontakt zu bleiben, was das Wichtigste ist – genau deshalb wird Achtsamkeit immer wichtiger.

Wir wissen auch, dass die Haut und unsere Emotionen auf das Engste zusammenhängen. Wenn wir es zulassen, dann gehen uns Dinge „unter die Haut“. Wir erröten vor Scham, bekommen einen zornroten Kopf, werden bleich vor Angst, aschfahl vor Kummer, grün vor Neid.

Aus all diesen Gründen und vielen mehr ist die Haut ein lohnendes Objekt meditativer Aufmerksamkeit. Wenn wir der Haut unsere Aufmerksamkeit zuwenden, dann spüren wir sofort die Luft um den Körper herum, vielleicht zum ersten Mal im Leben bewusst. Wie die Luft die Haut und die Haut die Luft berührt, ist am Anfang vielleicht leichter zu spüren, wenn ein Lüftchen weht, aber mit etwas Übung können wir die Luft um den Körper jederzeit spüren, auch wenn es windstill ist: einfach dadurch, dass wir der Körperhülle Aufmerksamkeit schenken. Die Haut atmet zwar nicht direkt, doch es kann nützlich sein, zu spüren oder sich vorzustellen, wie sie über diese Membran zwischen unserem Fleisch und dem Rest der Biosphäre „atmet“, indem wir unseren Geist bewusst in und auf die Haut legen. Unser

Bewusstsein kann die Haut einhüllen, so wie ein Handschuh die Hand einhüllt. Bewusstheit sickert in die Haut, so wie Wasser in einen Schwamm sickert. Wenn wir der Empfindungen in der Haut gewahr sind, dann fühlt sich das an, als wohnte der Geist in der Haut. Geist und Haut sind nicht voneinander getrennt, außer wenn der Geist abschaltet. Man könnte sogar mit einiger Berechtigung sagen, dass die Haut ein Aspekt des Geistes ist.

Das ist nicht so weit hergeholt, wie es sich anhören mag. Wie wir später noch sehen werden, gibt es im Gehirn eine Reihe von Körper-Landkarten; ein solcher Kartensatz ist der sogenannte „sensorische Homunkulus" (siehe „Die heilende Kraft der Achtsamkeit", Kapitel „Der Homunkulus"). Die Regionen des somato-sensorischen Homunkulus korrespondieren mit den Oberflächen-Merkmalen der Haut. Allerdings nehmen Hände, Füße und Lippen im sensorischen Homunkulus im Verhältnis zu den anderen Bereichen der Haut einen sehr großen Raum ein. Das liegt daran, dass die Konzentration der sensorischen Nervenenden, der hochsensiblen Sensoren, die überall in diese dünne Membran und das darunter liegende Gewebe eingebettet sind, in diesen Bereichen besonders hoch ist. Wenn wir den Geist also gezielt auf Hände oder Füße oder Lippen richten, dann werden wir spüren, wie eine ganze Palette lebhafter Empfindungen in diesen Regionen vibriert.

Die Haut ist eine sensorische Welt für sich. Sie ist nie ganz ohne Empfindungen, auch wenn sie scheinbar gerade nichts berührt. Denn weil sie eine Schnittstelle ist, ist sie immer mit etwas in Berührung. Sie hat zu jeder Zeit ihren eigenen sensorischen Tonus. Sie ist immer in Kontakt. Die Frage ist nur, ob wir es auch sind? Können wir in Kontakt mit unserer Haut sein?

Dass wir in Händen, Füßen und Lippen mehr Empfindungen haben, könnte auch an der hohen Innervierung der motorischen Neuronen in diesen Regionen, besonders in den Händen, liegen.

Die sensorischen und motorischen Funktionen gehen sozusagen, pardon, „Hand in Hand“. Wenn Sie in Ihre Hände hineinspüren und durch die Haut der Hände nach außen, dann werden Sie eine Schönheit der Form und der Funktion fühlen, die in ihrer Schönheit den von Michelangelo in Marmor gehauenen Händen in nichts nachsteht. Wir schätzen die Kunstfertigkeit und Ästhetik, die „dem Stein Leben einhaucht“, teilweise auch deshalb, weil sie uns wieder mit der Schönheit verbindet, die in uns selbst wohnt. Es ist eine Schönheit, die das Alter transzendiert und alles, was uns passiert ist und auf die eine oder andere Weise in den Körper eingeschrieben sein mag … es (be-)rührt uns. Es erinnert uns daran, dass es sich hier um unsere eigenen, wundervollen Hände handelt, die wir so wenig kennen, die wir für so selbstverständlich halten und so mechanisch benutzen, dass wir sie ironischerweise gar nicht mehr richtig spüren. Wenn wir also das Leben so greifbar im Marmor pulsieren sehen, dann erwachen wir selbst wieder zum Leben, werden nicht nur metaphorisch, sondern auch wortwörtlich wiedergeboren. Dies ist eine weitere Wohltat dieser unvermeidlichen Wechselseitigkeit, die im Fühlen eingebettet ist, das in diesem Fall an der Schnittstelle stattfindet, an der der Austausch zwischen inneren und äußeren Welten stattfindet – über die zähen und doch sensiblen Oberflächen der Haut und der Finger, der Daumen und der Handflächen, über das Wunder der Hände.

*

Du bist viel schöner als jede andere,
und doch hatte dein Körper einen Makel:
deine kleinen Hände waren nicht schön,
und ich fürchte, du wirst losrennen
und bis zu den Handgelenken eintauchen und paddeln
in dem rätselhaften, stets überlaufenden See,
wo die, die heiligem Gesetz gehorchen,
paddeln und vollkommen sind. Lass unverändert
diese Hände, die ich geküsst habe,
um des alten Willens willen.

William Butler Yeats,
aus: *Verflogene Träume (Broken Dreams)*

Landschaften des Riechens

Mitte August – Ich sitze auf der Terrasse eines Hauses auf Cape Cod, und die salzige Luft, die ich seit der Kindheit kenne, trägt mir duftende Anflüge des nahen Ozeans zu. Es ist ein unverwechselbar vertrauter Duft, der in seiner Feinheit und Komplexität trotzdem unbeschreiblich ist. Immer wenn ich hierher zurückfahre, weiß ich durch diesen Duft, in dem sich Land und Meer mischen, dass ich bald da bin. Er bringt Feuchtigkeit, die sanfte Brise dieses Vormittags. Ich spüre nicht nur, wie die Luft meine Haut streichelt, ich rieche sie jetzt auch, umso mehr, als meine Aufmerksamkeit sich nun schärft und darauf fokussiert. Sie bringt ein ganz leichtes Seetang-Aroma, nur eine Spur, ein Aroma von nassem Sand, von Aalen im Seegras, das Aroma all des pflanzlichen und tierischen Lebens einer Meeresküste, die uns auf drei Seiten mit Stränden und Prielen umgibt. Dazu kommt der Geruch der schweren, feuchten Erde der nahen Sassafras-Wälder und Marschen und gelegentlich eine Duftwolke von den Hortensien im Blumengarten und dem ungemähten Gras unter der immer heißer brennenden Sonne dieses Vormittags. Unverkennbar ist auch der Geruch des schwarzen Rindenmulchs, der vor Kurzem unter den Zedern ausgebreitet wurde, vermischt mit dem schwachen Geruch von nassem Gips, mit dem der Neubau auf dem Nachbargrundstück wie ein Butterbrot bestrichen wird.

Doch schauen Sie, was ich getan habe: Ich konnte den Geruch selbst und die Empfindung dieser Geruchslandschaft nicht beschreiben, ich konnte nur Vergleiche ziehen und Dinge aufzählen, von denen ich hoffe, dass sie in Ihnen Erinnerungen an Orte und Zeiten wecken, an denen Sie ähnliche Erfahrungen gemacht haben und sich deshalb an solche Düfte und Aromen erinnern. Ich kann die Essenz dieser Geruchslandschaft weder für Sie noch für mich irgendwie einfangen. Sie ist so komplex, so unendlich reich, so einzigartig und jeden Moment anders und trotzdem die ganze Zeit irgendwie gleich. Man kann sie nicht in Flaschen füllen, nicht aufbewahren, nicht verschicken. Ich kann mögliche Quellen des Geruchs benennen, tue mich aber schwer, die tatsächliche Erfahrung zu vermitteln. Sie müssten den Geruch selber riechen, um Bescheid zu wissen, und selbst dann würde es uns schwerfallen, darüber zu reden. Und vielleicht wäre es besser, nicht darüber zu reden, wäre es reicher und sinnlicher (und vernünftiger), die Erfahrung einfach schweigend miteinander zu teilen, statt, wie wir das so oft tun, zu „verkopfen" und in mehr oder weniger gedankenloses Geplapper zu verfallen, eine Strategie, die so leicht die unaussprechliche Fülle des stillen Wahrnehmens und schweigenden Miteinander-Teilens abtötet.

Gerüche eröffnen uns durch den am feinsten abgestimmten unserer Sinne eine ganz eigene Welt. Die Nase vermag winzigste Anteile von Duftstoffen in der Luft zu entdecken, und das Riechen funktioniert, wie der Geschmackssinn, im Grunde auf der molekularen Ebene. Natürlich sind Riechen und Schmecken anatomisch und funktional eng miteinander verbunden. Wenn unsere Nase verstopft ist, dann schmecken wir auch kaum etwas.

Moleküle in der Luft sind die Quelle aller Geruchserlebnisse – einmal abgesehen von Erfahrungen, die wir allein aus der Erinnerung hervorbringen, wenn es uns irgendwie gelingt, die olfaktorischen Gehirnregionen so zu stimulieren, dass wir aus dem Gedächtnis ein Erlebnis wie bei Marcel Proust wieder erwecken, das ebenso lebhaft ist wie das ursprüngliche. Auch wenn unser Geruchssinn im Vergleich zu dem der meisten Tiere ziemlich unterentwickelt ist, prägt sich in der Erinnerung doch nichts so sehr ein wie ein Geruch. Unsere Zuneigung oder Abneigung kann augenblicklich sein, animalisch, reflexartig, wenn ein Geruch besonders angenehm oder unangenehm ist. Der über lange Zeiträume entwickelte biologische Imperativ von Annäherung und Vermeidung (den manche Menschen „primitiv" nennen würden, obwohl daran wenig Primitives ist) lauert in der Welt der Gerüche in seiner grundlegendsten Form, und er hat uns, die wir reflexartig darauf reagieren, fest im Griff. Mehr noch: Komplexe Moleküle wie die sogenannten Pheromone verbinden uns miteinander. Sie helfen uns, einander zu finden, indem sie (wie bei anderen Spezies auch) an der Choreografie unserer sozialen und sexuellen Tänze mitwirken und indem sie die Entscheidungen beeinflussen, mit wem zusammen wir unsere Gene an künftige Generationen weitergeben wollen. Die Suche nach künstlichen Duftstoffen, die uns für andere attraktiv machen und sich massenhaft produzieren und verkaufen lassen, ist deshalb für die Chemielabors großer Firmen so etwas wie der heilige Gral geworden. Wen wundert's?

Da die meisten Gerüche allerdings weder zu angenehm noch zu unangenehm sind, ist es oft so, dass wir sie gar nicht bemerken. Doch selbst an starke Gerüche gewöhnt sich die Nase sehr schnell. Wir brauchen ihnen nur kurze Zeit ausgesetzt zu sein, und schon riechen wir nichts mehr, sogar giftige Dämpfe. Die Nase ist ein sehr feines Instrument, doch sie ermüdet schnell, wenn sie übersättigt wird. Es fällt uns schon schwer, eine ganze Mahlzeit lang zu riechen, was wir essen.

Wieder ist es die Luft, die zwischen der Quelle und dem Empfänger vermittelt, denn die Luft überträgt sehr viel mehr als nur

Schall. Gerüche, Buketts, Düfte, Aromen, Mief und Gestank, alles reist auf ihren Wegen. Hunde erleben sie sehr viel lebhafter und entdecken sie viel früher als wir, wenn wir sie überhaupt wahrnehmen. Hunde bewohnen eine viel reichere Geruchslandschaft als wir. Ihr Universum ist weitgehend geruchsorientiert; es bietet ihnen eine Menge relevanter Informationen über andere Hunde, Menschen und Orte, und offenbar können sie sich ganze Chronologien oder zurückgelegte Wegstrecken mit dem Geruchssinn erschließen. Das olfaktorische Epithel in der Nase eines Hundes (in dem die Arbeit des Riechens stattfindet) kann eine siebzehnmal größere Oberfläche haben als das des Menschen und das Hundertfache an Geruchsrezeptoren besitzen. Bei der Ratte und der Spitzmaus macht der olfaktorische Kortex einen großen Teil des gesamten Kortex aus, beim Menschen ist dieser Anteil dagegen winzig. Natürlich besitzen Spitzmäuse und Hunde nicht die enorm großen Kortexbereiche, die beim Menschen für sensorische und motorische Funktionen zuständig sind und uns für weitaus differenziertere kognitive und kreative Funktionen zur Verfügung stehen.

Manchmal denke ich: Dass ich mit der Hündin spazierengehe, hat eigentlich nur den Zweck, dass sie mit ihrer Nase die große weite Welt erforschen kann. Jedes neue Plätzchen, das sie beschnüffelt, ist für sie wie ein Schwarzes Brett mit Dutzenden von Notizzetteln und Auskünften, die ihr mitteilen, wer alles schon hier war, welche anderen Einwohner unseres Bezirks (hundeartige oder nicht-hundeartige) gerade unterwegs sind. Aus Gründen, die sich meinen Sinnen nicht erschließen, laden sie im Sommer viele Stellen dazu ein, sich im hohen Gras zu wälzen, Bauch und alle viere breit in die Luft gestreckt, Kopf zur Seite gedreht; oder, im Winter, auf die Gerüche und Oberflächen einer frisch gefallenen, dichten Schneedecke zu reagieren, die für die Gene einer sibirischen Schlittenhündin nun mal hochinteressant sind. In solchen

Momenten steckt sie ihre Schnauze bis über die Augen in den Schnee, pflügt hierhin und dorthin und nimmt eine Welt in sich auf, die mir fremd ist. Wenn sie nicht ausreichend Zeit zum Riechen bekommt, stelle ich mir vor, dann fehlt ihrem Husky-Wesen, ihrem Gehirn das Allerwichtigste; sie kann nicht tun, was sie doch täglich braucht, vielleicht sogar stündlich oder minütlich, damit sie ihr ganzes Hunde-Selbst ausleben kann. Sie braucht es, frei umherschweifen zu können, immer der Nase nach (was in einer von Menschen regierten Welt natürlich Probleme mit sich bringt). Auf jeden Fall ist sie in diesen Dingen meine Meditationslehrerin, wie auch in vielen anderen. Eigentlich muss ich sagen, dass nicht ich sie ausführe, sondern sie mich. Wenn mir das bewusst wird, bin ich der umfassenderen, mehr-als-menschlichen Welt näher. Es hilft mir, aus der Zeit herauszutreten und aus meinem Kopf.

Menschen, Länder, Städte, Dörfer, Häuser, Landschaften, Meere – sie alle haben ihren charakteristischen Geruch. Die erste Nase voll der Luft in Neu-Delhi vergessen Sie nie mehr, und dasselbe gilt für die meisten Orte und Jahreszeiten, wenn wir ihre Gerüche nicht zwanghaft überdecken und desinfizieren. Gerüche erzählen uns so viel, rufen so viele Gefühle hervor, Emotionen, die weit über bloße Nostalgie oder Erinnerung hinausgehen. Düfte und Aromen können uns in Trauer oder Ekstase versetzen. Und doch, und doch … sie wecken uns auch auf, laden uns ein, uns völlig der Gegenwart hinzugeben, uns im Duft und den Düften des Jetzt zu sonnen.

Mit einem Duft von Jasmin rief der Wind
eines strahlenden Tages meine Seele.

„Für für den Duft meines Jasmins möchte ich
den Duft all deiner Rosen von dir…"

ANTONIO MACHADO
(NACH ROBERT BLY)

Vielleicht ist es nicht überraschend, dass Machado in seinem Verlangen nach Gegenseitigkeit zwischen den Düften im Wind und den Düften in seiner Seele eine gewisse Dringlichkeit verspürt. Aber waren die beiden denn je getrennt?

Landschaften des Schmeckens

Um einen Eindruck von der Landschaft des Schmeckens zu geben, hatte ich die Idee, eine Mandel zu essen und das zu beschreiben. Ich nehme also eine aus der Müslimischung, die ich letzte Woche zusammengestellt habe; dazu habe ich die Mandeln zusammen mit Olivenöl, Ahornsirup, viel Haferflocken, Sesamsamen, Sonnenblumenkernen und etwas Zimt und Salz geröstet. Als ich die Mandel in den Mund nehme, bin ich überrascht von ihrer Größe. Sie ist ziemlich dick. Dann spüre ich, wie ihre Haut weich wird, und … ups … plötzlich habe ich zwei Dinge im Mund! Sie hat sich zerlegt, und ich spüre auf einer Seite die runzlige Haut und auf der anderen das glatte Samenkorn (was der Mandelkern ja ist). Ich beiße hinein – bemerke, dass sie überraschend knusprig sind – und beginne langsam zu kauen. Die Knusprigkeit verwandelt sich aber rasch in etwas Maismehlartiges. Es ist beeindruckend, wie der Geschmack den Mund flutet, einen Höhepunkt erreicht und dann versiegt. Es ist viel schneller gegangen, als ich gedacht habe. Deshalb schlucke ich hinunter, was von der ersten Mandel übrig ist, und stecke eine zweite in den Mund, um mich noch einmal auf den Geschmack zu fokussieren.

Langsam, achtsam kauen, kauen, schmecken, schmecken. Hmmm. Alles, was im Mund vor sich geht, gehört in das Reich und die Landschaft des Schmeckens, aber was ist es in diesem Moment eigentlich?

Es ist definitiv süß, aber nur auf eine ganz subtile Weise. Hätte man mir die Augen verbunden und die Mandel in den Mund gesteckt, hätte ich am Geschmack sofort erkannt, dass es eine Mandel ist. Aber würde ich durch das Schmecken auch erkennen, dass diese Mandel in anderen Aromen mariniert worden ist? Ich bin mir nicht sicher. Ich kann nicht behaupten, dass ich den Zimt herausschmecken würde, aber seine Anwesenheit erklärt teilweise den Geschmack, den ich jetzt auf der Zunge habe. Dasselbe gilt für den Ahornsirup und das Öl und alle anderen Zutaten. Alles in allem ist auch hier der Geschmack an sich nicht so einfach zu beschreiben. Wie beschreibt man den Geschmack von Zimt, ohne das Wort „Zimt“ zu benutzen? Doch das Geschmackserlebnis ist etwas, das keine Grenzen kennt, wenn ich bereit bin, wortlos dabei zu verweilen. Und vielleicht würde ich den Unterschied erkennen, wenn ich eine Mandel bekäme, die nicht auf diese Weise behandelt wurde, nicht geröstet, nicht Teil einer Müslimischung, die sorgsam und liebevoll zubereitet worden ist.

Gestern Abend bestellte ich in einem Restaurant in der Nähe Heilbutt mit Koriander und grünem Curry sowie Jasminreis. Das Gericht war von den Geschmäckern und der Konsistenz her eine ganz erstaunliche Kombination, jeder Bissen eine Supernova von Subtilitäten … der Koch wusste wirklich, wie er seinen Gästen durch das Essen eine ganz besondere Erfahrung bescheren konnte. Jeder Bissen Fisch (der so zubereitet war, dass er auf der Zunge zerging), zusammen mit etwas Reis und einer Spur Soße, lud zu einem kurzen Innehalten in (keine Übertreibung!) verblüffter Ekstase ein, wobei der Kopf sich instinktiv in einem seltsamen

Winkel neigte, um mit noch größerer Achtsamkeit dem folgen zu können, was im Mund vor sich ging. Darauf folgte ein Ausruf der Lust und Befriedigung, wobei ich mich beherrschte, um die Geduld meiner Frau Myla, die etwas anderes bestellt hatte, nicht zu strapazieren. Nach jedem Bissen folgte ein sinnliches Auskosten dieser turbulenten, explosiven Mischung raffinierter Geschmäcker, die solchen Genuss bereiten konnte – milde Süße mit einem Hauch von Kokosmilch-Aroma, intensiv gepfeffert und irgendwie trotzdem nicht zu scharf. Auch hier ist es im Grunde wieder unmöglich, es zu beschreiben. Ich schätze, das ist der Grund, warum wir leckeres Essen lieben, denn einfach nur etwas über den Genuss zu lesen, selbst wenn der Autor sehr begabt ist, mag uns zwar Appetit machen, aber es wird nie den Hunger stillen oder uns den wirklichen Geschmack geben können. Dazu müssen wir schon selber essen und schmecken. Und schmecken heißt hier in der Tat wissen.

Wenn wir aufmerksam und sorgfältig essen, bescheren uns selbst die einfachsten Nahrungsmittel ein ganzes Universum sinnlicher Erfahrungen. Ein Bissen von einem Apfel oder einer Banane, ein Stück Brot oder Käse oder irgendetwas ist ein Geschmacks-Universum voller Überraschungen, wenn wir nur wach genug sind. Das ist vielleicht der Grund, warum während einer Wanderung oder beim Camping, wenn wir uns außerhalb des Rahmens unserer normalen, alltäglichen Erfahrung befinden, auch ganz einfache Dinge, selbst Erbsen aus der Dose oder Ölsardinen, scheinbar besser schmecken als sonst.

Und das ist auch der Grund, warum das Essen einer Rosine oft die erste Meditation ist, die wir Leuten beim MBSR (Mindfulness-Based Stress Reduction – Stressreduzierung auf Achtsamkeitsbasis) anbieten. Achtsames Essen lässt uns schnell alle Vorstellungen vergessen, die wir von Meditation haben mögen. Es bringt die Meditation sofort in den Bereich des Gewöhnlichen, des Alltäglichen, der Welt, die wir bereits kennen, die wir nun aber auf eine andere Weise kennenlernen werden. Ganz, ganz langsam eine einzige Rosine zu essen lädt dazu ein, völlig mühelos, ganz natürlich, auf eine Art, die jenseits von Worten und Denken ist, ins Wissen zu fallen. Diese Einladung ist nur deshalb ungewöhnlich, weil wir im Allgemeinen eher automatisch und unbewusst essen. Eine solche Übung – einfach zu essen, einfach zu kauen, einfach zu schmecken – bringt augenblicklich Wachheit mit sich: In diesem Moment gibt es nur das Schmecken. Alles andere sind bloß Wörter und damit Denken, mindestens einen Schritt (wenn nicht mehr) entfernt vom Erleben des gegenwärtigen Augenblicks, vom Schmecken selbst, vom intimen Kosten und Erkennen der Geschmackslandschaft im Mund.

Und doch stelle ich mir vor, dass der Küchenchef (wenn wir noch einmal auf das grüne Heilbutt-Curry zurückkommen) über seine Kreationen vielleicht etwas Interessantes und Aufschlussreiches zu sagen hätte. Dieses Gericht zu genießen, einen köstlichen Bissen nach dem anderen, war ein bisschen so, als säße ich bei einer Weinverkostung und hätte einen zweihundert Jahre alten Bordeaux vor mir, von dem eine Flasche Hunderte von Dollar kostet. Ich könnte ihn sicher genießen, aber wie könnte ich seine unaussprechlichen Tugenden wirklich würdigen oder auch nur verstehen, wenn jemand über sie spricht (gar nicht davon zu reden, ich selbst könnte sie in Worte fassen), ohne ein Weinkenner zu sein?

Und was ist ein Weinkenner? Doch jemand mit Erfahrung, der sich mit einem bestimmten Erfahrungsbereich vertraut gemacht hat, indem er ihn achtsam studiert hat. Wenn wir uns also der Welt des Geschmacks widmen, indem wir achtsam sind, was wir in den Mund stecken und tatsächlich schmecken, werden wir ebenfalls Kenner – nicht nur dessen, was wir essen, sondern zuallererst einmal Kenner, Connaisseure (vom lateinischen *cognoscere* – erkennen“) dessen, der oder die isst – des Essers, der Esserin selbst! Es gehört alles in diesen speziellen Bereich des Gewahr-Seins.

Denken wir noch einen Moment über das Essen nach. Für jeden lebenden Organismus ist es so fundamental wie das Atmen. Wir können nicht überleben, ohne zu essen, und der Trieb, den täglichen Bedarf an fester und flüssiger Nahrung zu decken, gesteuert vom Geschmackssinn (der uns in der Wildnis davor bewahrt, uns zu vergiften, auch wenn wir sehr hungrig oder durstig sind) verlangt nach täglicher Befriedigung.

In den Jäger-und-Sammler-Gesellschaften wurde fast die gesamte Energie der einsatzfähigen Mitglieder auf die Nahrungsbeschaffung verwendet. Auch in agrarischen Gesellschaften, in denen der größte Teil der Nahrung durch Ackerbau und Viehzucht und nicht durch Jagen und Sammeln gewonnen wird, wird immer noch ein großer Teil der Energie dieser Gesellschaft in die Nahrungsmittelproduktion investiert. Dennoch erlaubten Ackerbau und Viehzucht zumindest in klimatisch günstigen Regionen das Erwirtschaften eines Nahrungsüberschusses, und dieser ermöglichte wiederum eine zunehmende Komplexität innerhalb der sozialen Gruppen und führte zur Entstehung von Städten und einer Zivilgesellschaft, in der nicht jedermann mit der Produktion und Verteilung von Lebensmitteln beschäftigt ist, auch wenn jedes Mitglied dieser Gesellschaft essen muss, um zu überleben. Dieser Trend hat sich fortgesetzt, und mit der Produktion von Nahrung war und ist in den industriellen und postindustriellen Gesellschaften ein immer kleinerer Teil der Bevölkerung beschäftigt. Auf diese Weise hat sich unsere Einstellung zu Nahrungsmitteln in den letzten zehntausend Jahren dramatisch verändert, sei es nun durch die leichtere Beschaffung, Konservierung, Lagerung und Verteilung, oder durch die größere

Vielfalt, die Qualität, den Nährwert oder die flächendeckende Verfügbarkeit. Dass wir unsere Nahrungsmittel nicht mehr selber anbauen oder jagen müssen, hat dazu geführt, dass wir unser Essen für selbstverständlich halten und sehr weit von der Fähigkeit entfernt sind, uns selbst zu versorgen, wenn Nahrung einmal knapp werden sollte.

Und trotzdem ist das Essen für das Überleben eines jeden von uns noch genauso grundlegend wie in prähistorischen Gesellschaften. Da es in unserem Bewusstsein jedoch so stark von seiner lebenserhaltenden Funktion abgekoppelt ist und wir seinen Wert gar nicht richtig anerkennen und würdigen, leben wir in einer Art Spannung, die ziemlich bizarr sein kann. Im Allgemeinen essen wir ziemlich automatisch und verstehen kaum, welche zentrale Rolle das Essen für die Erhaltung unseres Lebens und auch unserer Gesundheit hat. Wir werden mehr von Gelüsten als von Bedürfnissen getrieben, und unsere Beziehung zum Essen ist von sozialem Druck, der Werbung und der Lebensmittelindustrie sowie von konditionierten Geschmacksvorlieben geprägt; dabei haben wir uns an Portionen gewöhnt, deren Größe in den Ländern der Ersten Welt und insbesondere in den Vereinigten Staaten während des letzten Jahrzehnts praktisch zu einer wahren Epidemie der Fettleibigkeit geführt hat.

*

Im Laufe der Jahre habe ich mit vielen Menschen sehr, sehr langsam eine Rosine gegessen und bin deshalb bei vielen Menschen so etwas wie der Inbegriff einer Rosine geworden, sodass ich manchmal protestieren möchte: „Es geht doch nicht um die Rosine!" Die Rosine bietet nur den Anlass, die Landschaft des Schmeckens – und unsere Beziehung zum ganzen Bereich des

Essens – zu erkunden, das wir gewöhnlich sehr automatisch verrichten und mit erstaunlich wenig Bewusstheit davon, was oder wie wir essen; wie schnell wir essen; wie unser Essen tatsächlich schmeckt und wann der Körper signalisiert, dass es genug ist. Und darüber hinaus ist die Rosine natürlich auch eine Gelegenheit für uns, die Natur unseres eigenen Geistes und Körpers zu untersuchen. Was das angeht, kann die Rosine wichtige Elemente unserer Beziehung zur ganzen Welt enthüllen (und tut es auch oft).

Unsere Essgewohnheiten sind oft von ziemlich archaischen Trieben bestimmt und von einem ebenso archaischen wie extrem unbewussten Verhalten begleitet. Ich weiß aus eigener Erfahrung, dass es zu den schwierigsten Achtsamkeitsübungen gehört, sich bewusst zu werden, wie man isst und ob man dabei wirklich etwas schmeckt, auch wenn es auf den ersten Blick ganz selbstverständlich und leicht anmutet. Doch die Gewohnheitsmuster rund um unsere Ernährung gehen sehr tief und haben, wie gesagt, oft eine archaische Komponente. Überlegen Sie nur: Wir ernähren uns, und wir mussten alle lernen, wie das geht. Und wir essen ständig, nicht nur, um am Leben zu bleiben, sondern oft auch aus reiner Gewohnheit und aus dem Drang heraus, Gelüste zu befriedigen, die wenig mit dem Stillen eines echten Bedürfnisses, sondern oft mehr mit emotionalem Unbehagen als wirklichem Hunger zu tun haben. Mit Familie und Freunden zusammen zu essen, ist natürlich eine der elementarsten, tiefgründigsten und befriedigendsten Formen, soziale Bindungen zu pflegen. Es stillt andere Bedürfnisse in uns, die ebenfalls sehr tiefe Wurzeln haben.

Ein Weg, die Welt zu erkennen und zu berühren, führt über den Mund und die Zunge und ihre fein abgestimmte Fähigkeit, nicht nur Geschmack, sondern auch Konsistenz zu unterscheiden. Wie bereits erwähnt, ist die Zunge im somatosensorischen Homunkulus relativ groß repräsentiert (siehe „Die heilende Kraft der Achtsamkeit“, Kapitel „Der Homunkulus“), was zeigt, wie wichtig sie für unser Erkennen der Welt ist, auch über den spezialisierten Geschmackssinn hinaus. Als Babys haben wir alles in den Mund gesteckt. Das war eine ursprüngliche und sehr direkte Art, die Dinge zu erkunden. Steine sind hart. Sand knirscht. Erdbeeren sind glitschig. Jedes Ding hat eine einzigartige Konsistenz und fühlt sich im Mund anders an.

Wenn wir unser Gewahrsein gezielt in die Mundregion lenken, während wir eine Rosine kauen – nachdem wir sie zuerst eine Weile angeschaut und sie jenseits unserer Begriffe und Meinungen tatsächlich gesehen haben –, kann es sein, dass dieser Geschmack im Mund und im Geist auf eine Weise explodiert, die überraschend neu und sehr aufschlussreich ist … ein Universum der Empfindungen, die sich in Moment für Moment entfalten und vermischen. Und es muss keine Rosine sein. Wenn wir es etwas langsamer angehen, können wir gezielt auf alles, was wir essen, Gewahrsein richten. Wir können ganz bei diesem Mundvoll Essen sein, es wirklich schmecken, kauen, (er-)kennen, bevor wir schlucken.

Es heißt, dass der Geschmack, vielleicht in der engen Koppelung mit Geruch, der Sinn ist, der auf die unverkennbarste Weise Erinnerungen weckt. Eine berühmte Passage aus der Weltliteratur, die diese Macht des Geschmackssinns über das Gedächtnis beschreibt, stammt aus Marcel Prousts „Auf der Suche nach der verlorenen Zeit“:

> „Der Anblick der Kleinen Madeleine hatte nichts in mir ausgelöst, bis ich sie probiert hatte (…). Und nachdem ich den Geschmack des in Lindenblütentee getauchten Stücks Madeleine, das mir meine Tante damals gab, wiedererkannt hatte (…), trat auch das alte graue Haus, wo sich an der Straßenfront ihr Zimmer befand, wie eine Theaterdekoration zu dem kleinen rückseitigen Häuschen hinzu, das man für meine Eltern im hinteren Teil des Gartens erbaut hatte…“

Behalten wir das im Gedächtnis, denn wir werden darauf zurückkommen, wenn wir später die inneren Verbindungen zwischen dem Gehirn, den inneren und äußeren Sinnen, der Erinnerung und dem Gewahr-Sein selbst erforschen.

Landschaften des Geistes

Landschaften, visuelle Landschaften, Landschaften des Klangs, Landschaften der Berührung, Landschaften des Geruchs, Landschaften des Geschmacks – letztlich laufen sie auf etwas hinaus, das wir „Landschaften des Geistes" nennen könnten.*

Ohne das Unterscheidungsvermögen unseres Geistes würden wir keine Landschaften kennen, weder innere noch äußere. Wenn wir uns bewusst werden; wenn wir im Wissen verweilen, dann verweilen wir in der tiefen Essenz der Geistes-Landschaft, in der endlosen leeren Weite, die selbst pures Gewahr-Sein ist. Es ist ein Sinn für sich. Vielleicht der ultimative Sinn, denn er kann die Textur der anderen Sinne verstärken. Und einer, dessen wir uns bewusst sein können, wie bei den anderen Sinnen – mit anderen Worten: Wir können auch ein Gewahrsein des Gewahrseins kultivieren und damit neue, tiefgreifend heilsame und transformative Zugänge zu ihm gewinnen.

Es ist weder besonders leicht noch besonders schwer, das Gebiet des Gewahrseins für die eigene Geistes-Landschaft zu

* Englisch: *mindspace* – „mind" bezeichnet die Gesamtheit der mentalen Funktionen des Menschen. Es wird hier deshalb je nach Kontext auch als „Kopf", „Denken", „Psyche", „Seele" wiedergegeben. (Anm. d. Übers.)

erreichen oder dort zu verweilen. Wir brauchen nur die richtige Motivation und vielleicht einen Hinweis, dass es lohnend ist, damit intim vertraut zu sein. Es ist genau das systematische Kultivieren von Achtsamkeit, das uns Wege zeigt, wie wir uns der Landschaft des Geistes öffnen können, wie wir sie schmecken, riechen, bewohnen, ja: sein können und sie so für uns bestmöglich verfügbar machen können.

Wenn wir immer wieder zurückkehren zu uns und ins Gewahr-Sein, völlig wach für das gesamte Feld des Erlebens – egal, wie eng oder weit wir das Objektiv eingestellt haben –, dann wird uns schnell klar, dass jeder Aspekt unserer Erfahrung kommt und geht. Nichts Entstehendes ist von Dauer, nichts Entstehendes kann bestehen. Bilder, Klänge, Empfindungen im Körper, einschließlich dieses Einatmens und dieses Ausatmens, Gerüche, Schmecken, Wahrnehmungen, Impulse, Gedanken, Gefühle, Stimmungen, Meinungen, Vorlieben, Abneigungen, noch mehr Meinungen – alles kommt und geht, ist ständig im Fluss, verändert sich ständig, bietet uns reiche Gelegenheit, die Vergänglichkeit sowie unsere eigenen Gewohnheiten des Wünschens und Festhalten-Wollens zu sehen.

Jeden Moment können wir die Dinge so, wie sie sind, sehen, hören, berühren, riechen, schmecken und erkennen. Wir streben hier nicht nach irgendeinem Ideal. Nein, dies ist die vielseitige und multidimensionale kaleidoskopische Realität des Lebendig-Seins, erlebt Moment für Moment, zweifelsohne komplex, und doch so einfach, dass wir sie bewohnen können – wenn wir ihr Aufmerksamkeit entgegenbringen.

Wenn wir etwas von der Landschaft des Geistes dadurch erkennen, dass wir beharrlich eine Nähe zu den Dingen kultivieren, wie sie in ihrer Wirklichkeit tatsächlich sind, und uns mit ihnen vertraut machen – dann sind wir in jedem einzelnen Augenblick besser in der Lage, unsere Angst loszulassen, die Dinge könnten nicht so laufen, wie wir es wünschen (die Zukunft). Wir können auch von unseren diversen Bestrebungen ablassen, sicherstellen zu wollen, dass die Dinge so laufen, wie wir es wünschen, indem wir sie mehr oder weniger subtil zu erzwingen versuchen (wiederum die Zukunft).

Die offene Weite des Gewahr-Seins, die wir kennengelernt und in der Praxis gekostet haben (wenn diese etwas Stabilität und Beharrlichkeit gewonnen hat oder wir zumindest gelegentlich eine Ahnung davon bekommen haben), kann unsere Orientierung in der Landschaft des Geistes völlig auf den Kopf stellen: hin zum Anerkennen, wenn nicht sogar zum völligen Akzeptieren der Dinge, wie sie sind. Dann könnte es sein, dass wir jeden Augenblick tatsächlich in Kontakt mit unserer eigenen Ganzheit kommen, mit unserer eigenen Schönheit jenseits von Namen und Formen, jenseits des Scheins, jenseits von Mögen und Nicht-Mögen, jenseits von Gut und Böse. Hier – und nur hier – ist Frieden zu finden. Hier und nur hier können wir mit unserer Weisheit, unserer Energie und unserer Liebe etwas für die Menschen, die wir lieben, und für die Welt tun. Und wir tun das, indem wir unsere enge Verbundenheit mit der Landschaft des Geistes leibhaftig *verkörpern*. Wir könnten also sagen, dass die Landschaft des Geistes die Landschaft des Körpers, den Bereich der Sinne und den Körper selbst beinhaltet (und umgekehrt). Auf geheimnisvolle Weise ist die Landschaft des Geistes restlos körperlich und daher von Grund auf mitfühlend und weise. Warum? Wegen der grenzenlosen, alles umfangenden Natur des Gewahrseins selbst, über den Körper weit hinausgehend, hindrängend zum unvermeidlichen Erkennen universeller gegenseitiger Verbundenheit – des Selbst im Anderen und des Anderen im Selbst.

Mitgefühl als elementarer Bestandteil des Gewahrseins – das heißt übrigens nicht, dass es nicht bereits im nächsten Augenblick, resultierend aus verschiedenen Ursachen und Umständen,

Konflikte und das Fehlen einer akzeptierenden Haltung geben kann, ein Zerren und Ziehen in Ihrem Kopf und in Ihrem Leben. Das kann sehr wohl der Fall sein. Das gehört genauso gut zur geistigen Landschaft des Menschen, auch solchen, die Achtsamkeit praktizieren, wie alles andere. Allerdings kann sich der Schwerpunkt unserer Erfahrungswelt mit der Zeit verlagern: von starken inneren Konflikten hin zu mehr Gleichmut, von starker Aggression zu mehr Mitgefühl, von einer Sichtweise, die vor allem die oberflächliche Erscheinung sieht, hin zu einem tieferen Verstehen der Tatsächlichkeit der Dinge. Und auch das mag einmal so sein und das nächste Mal wieder nicht. In jedem Augenblick kann es ein gewisses Maß an Gleichmut, an Mitgefühl mit dir selbst oder mit anderen, ein gewisses Maß an Einsicht geben, und sie müssen wir wahrnehmen und würdigen, genauso wie die anderen Kreaturen, die diese innere Landschaft bewohnen. Im Grunde gibt es hier kein Ideal, nach dem wir streben müssten. Die Landschaft des Geistes ist schlicht und einfach immer so, wie sie ist. Die Herausforderung ist: Können wir das wissen? Ist es möglich, sich davon nicht einfangen zu lassen? Können wir davon frei sein? Können wir *darin* frei sein? Das ist der Punkt, an dem ins Spiel kommt, ob wir kontinuierlich eine Vertrautheit mit den Momenten unseres Lebensgeschehens kultivieren – sie führt uns in Richtung größerer Wachheit und damit zu der Möglichkeit, klug zu handeln, wenn wir handeln oder Position beziehen.

Die Landschaft des Jetzt

Alles, was sich entfaltet, entfaltet sich jetzt, und deshalb könnten wir sagen, es entfaltet sich in der Landschaft des Jetzt. Wir haben schon beobachtet, dass sich die Natur immer und nur im Jetzt entfaltet. Die Bäume wachsen jetzt. Nur jetzt fliegen die Vögel durch die Lüfte oder sitzen in einem Baum. Die Flüsse und Berge sind im Jetzt. Das Meer ist im Jetzt. Der ganze Planet selbst dreht sich jetzt. Ein Physiker hat in einem Buch über Einstein und die Zeit einmal bemerkt, dass die Veränderung von Dingen die Art und Weise darstellt, wie wir die Zeit messen, und wir deshalb alles, was sich auf regelmäßige Weise verändert, eine Uhr nennen könnten. In der Tat ist es präziser zu sagen, Veränderung sei die Art und Weise, in der wir die Zeit messen, als zu sagen, Zeit sei die Art und Weise, in der wir Veränderung messen, denn das Phänomen Zeit ist ja durch und durch ein Rätsel. Alles verändert sich: Und so erleben wir die Zeit. Alles verändert sich, und deshalb können wir Veränderung erleben, indem wir für einen Moment aus der Zeit heraustreten und uns mit dem vertraut machen, was ist, jenseits dieser Abstraktion, diesem Rätsel der Zeit.

Die Zeit fließt, die Zeit vergeht, aber wir wissen nicht, was Zeit ist. Wir wissen natürlich, wie spät es ist, aber eigentlich gibt es nur eine Antwort, und die prägt den Augenblick, ganz gleich, was

Big Ben oder der Wecker oder die Armbanduhr oder der Grand Canyon sagen. Raten Sie mal – natürlich: es ist wieder „jetzt".

Wir brauchen nur ein klitzekleines bisschen nachzudenken, um darauf zu kommen, dass der gegenwärtige Moment der einzige Moment ist, den wir haben, um lebendig sein zu können. Vielleicht muss diese Einsicht, die scheinbar so trivial und offensichtlich ist, sich erst einmal setzen und tief unten in unserer Psyche ankommen, im tiefen Brunnen des Herzens. Denn seltsamerweise ist es überhaupt nicht leicht, das voll zu akzeptieren, es wirklich auszuloten. Es gibt keine Zeit außer dem Jetzt. Im Gegensatz zu dem, was wir denken, leben wir eben nicht auf ein Ziel hin. Das Leben wird in keinem künftigen Moment reicher sein, als es in diesem Moment ist. Wir mögen uns zwar ausmalen, dass es irgendwann in der Zukunft schöner sein wird als jetzt (oder nicht so schön), aber wir können es eigentlich nicht wissen. Eines ist jedoch klar: Was immer die Zukunft bringt, es wird nicht das sein, was Sie erwarten, und wenn es kommt, wird es ebenfalls jetzt sein. Auch dann wird es ein Moment sein, den man leicht verpassen kann, genauso leicht wie diesen Moment jetzt. Und auch jener Moment wird dem ständigen Wandel unterliegen und den Launen der Ursachen und Bedingungen, die ihn in den vorangegangenen Momenten hervorgerufen haben.

In diesem Sinne haben wir immer nur Momente zum Leben, wohin wir auch gehen, wo immer wir auch sind, was auch geschieht und ganz gleich, wie viel Uhr es ist und was der Kalender sagt.

Das könnte uns doch dazu bringen, das Bestmögliche aus unseren Momenten zu machen, solange wir es noch können. Uns für sie zu öffnen. Zu Beginn erfordert es meist eine gewisse Anstrengung, im gegenwärtigen Moment auf den gegenwärtigen Moment aufmerksam zu sein. Warum? Weil er so schnell vorübergeht und es so leicht passieren kann, dass wir uns in den Landschaften der Sinne und des Geistes verlieren und uns so sehr auf deren diverse Bewohner und Energien fixieren, dass wir sehr schnell den Kontakt zu uns selbst, zu anderen und zur Welt verlieren. Wir können abheben in die Zukunft, mit der Vergangenheit hadern, darüber nachdenken, dass die Dinge in der Zukunft sehr viel besser sein werden, wenn nur dies und das geschieht und nichts dazwischenkommt. All das mag zu einem gewissen Grad richtig sein, aber es führt trotzdem dazu, dass Sie Ihr Leben verpassen – in gewissem Sinne das Leben überhaupt.

Wir könnten das als die „Große Ausflucht" bezeichnen. In einem verzweifelten Versuch, zu fliehen, verlassen wir die Sinneslandschaften und die Landschaft des Geistes, die Landschaft des Jetzt. Das ist ein Manöver, das wir allzu oft anwenden, wenn irgendetwas nicht nach Wunsch läuft – und ironischerweise sogar, wenn es nach Wunsch läuft! Entweder können wir also die inneren und äußeren Landschaften des Geistes, des Körpers und der Welt bewohnen (die im Grunde nichts Getrenntes sind), oder wir können uns der *Großen Ausflucht* bedienen und vergessen, dass das Leben unablässig und auf wunderbare Weise schwanger geht mit Möglichkeiten, selbst in den schwierigsten und mühsamsten Phasen. Und dass wir diese Gelegenheiten nicht verpassen sollten.

Die Sinne können uns aufwecken, aber sie können uns auch in den Schlaf wiegen. Der Geist kann uns aufwecken, aber er kann uns auch in den Schlaf wiegen. Die Sinne entfalten sich nur in der Gegenwart, aber sie können uns in einem einzigen Moment in die Erinnerung katapultieren und damit in die endlose (und für gewöhnlich unproduktive) Beschäftigung mit der Vergangenheit, mit dem, was geschehen und nicht geschehen ist, und was das jetzt für „mich" bedeutet. Oder sie katapultieren uns in die Zukunft, in ein zwanghaftes, sorgenvolles Grübeln und Planen für ein später kommendes Jetzt, in dem wir uns dann endlich entspannen und sein können, wer wir eigentlich sind (wozu wir ja jetzt, leider, leider, keine Zeit haben…).

In diesem Prozess kann es für den gegenwärtigen Moment, den einzigen Moment, den wir haben, ziemlich eng werden; so eng, dass wir ihn kaum jemals sehen, fühlen oder erkennen und ihn deshalb auch nicht nutzen. Nur die Achtsamkeit kann ihn neu konstituieren und uns in den Augenblick bringen und den Augenblick zu uns (das ist tatsächlich kein Unterschied). Wir und die Landschaft des Jetzt sind immer da und niemals getrennt. Doch diese Wirklichkeit kann nur gefühlt werden. Sie lässt sich vom Denken allein nicht ausloten, weil die Dimension gelebter Erfahrung durch genau dieses Denken denaturiert wird. Diese Wirklichkeit lässt sich nicht auf das Denken reduzieren, weil sie überhaupt nicht reduziert werden kann. So fundamental ist das Jetzt. Und Sie sind es auch.

Das soll nicht heißen, dass wir uns nicht um die Zukunft kümmern sollen oder dürfen, dass wir nicht hart für sozialen Wandel, für mehr Gerechtigkeit und ökonomische Freiheit, für mehr ökologisches Gleichgewicht und eine friedlichere Welt für alle Lebewesen arbeiten sollen. Es bedeutet ebenso wenig, dass wir apathisch werden und nicht darauf hinarbeiten sollen, unsere Ziele zu erreichen und unsere Visionen und Träume zu verwirklichen. Es bedeutet nicht, dass wir nicht weiter daran arbeiten können, zu lernen, zu wachsen, heil zu werden und unsere Kreativität und unsere Energien für das eigene Wohl und Glück zu mobilisieren. Oder durch das, was wir tun, und durch unsere Liebe zum Leben einen positiven Beitrag zum Leben anderer und zu dieser Welt zu leisten. Es ist vielmehr so, dass wir, wenn wir uns verständlicherweise eine andere Zukunft wünschen – ob es nun um die umfassendere nationale, internationale, soziale oder geopolitische Ebene geht, um eine Verbesserung unserer eigenen

Lebenssituation oder einfach darum, das zu erledigen, was am dringendsten ist –, dass es dann immer nur einen einzigen Zeitpunkt gibt, um diese Zukunft zu beeinflussen.

Denn jetzt ist schon die Zukunft, und sie ist schon da. Jetzt ist die Zukunft des vorigen Moments, der gerade Vergangenheit geworden ist, und die Zukunft all der Momente, die wiederum ihm vorausgingen. Denken Sie einen Moment lang an Ihr eigenes Leben zurück, wie es war, als Sie noch ein Kind waren, ein Jugendlicher, ein junger Erwachsener, oder an eine andere Lebensphase. Hier und jetzt – das ist die Zukunft jener Zeiten. Sie sind jetzt der, der Sie zu werden hofften. Genau hier. Genau jetzt. Sie sind es. Das gefällt Ihnen nicht? Wer ist es, dem das nicht gefällt? Wer denkt das? Wer möchte, dass „Sie" was Besseres wäre, dass etwas anderes aus Ihnen geworden wäre? Sind Sie diese Person? Wachen Sie auf! Es gibt nichts anderes. Das Werden ist schon passiert.

Aber – und das ist ein gewaltiges Aber! – wissen Sie, wer Sie im Grunde eigentlich sind? In diesem Moment? Das ist die Frage. Das ist es, worum es bei der Achtsamkeit geht, weil es tatsächlich nicht mehr gibt. Achtsamkeit ist ein kontinuierliches Wohnen in der Landschaft des Jetzt. Sie ist eine Wachheit jenseits der ständigen Verstrickung in Mögen und Nicht-Mögen, in Haben-Wollen und Zurückweisen, in destruktive und nicht hinterfragte emotionale Gewohnheiten und Gedankenstrukturen, ganz gleich, wie wichtig das Thema sein mag, worum es geht, ganz gleich, wie hoch oder wie gering das Risiko ist. Stellen Sie sich vor, von so einem Standpunkt aus, mit so einer Perspektive in der Welt und für die Welt zu arbeiten. Das könnte doch eine lohnende Aufgabe sein, eine lohnende Herausforderung, der wir uns stellen könnten, um zu üben, wie man das in der Welt lebendig verkörpert; genau in diesem Moment, genau hier, heute.

Jeder Moment des Jetzt ist das, was wir eine Weggabelung nennen könnten. Wir wissen nicht, was als Nächstes geschehen wird. Der gegenwärtige Moment birgt eine Fülle von Möglichkeiten und Potenzialen. Wenn wir jetzt achtsam sind, ganz gleich, was wir gerade tun oder sagen oder arbeiten oder erleben, dann wird der nächste Moment von unserer Geistesgegenwart beeinflusst und ist deshalb anders, als er gewesen wäre, wenn wir nicht aufmerksam gewesen wären; wenn wir in irgendeinem Strudel, im Geist oder im Körper oder in der äußeren Welt, gefangen gewesen wären. Wenn wir uns also um die Zukunft kümmern wollen (die, wenn wir dort angekommen sind, ebenfalls „jetzt" sein wird), dann können wir das einzig und allein dadurch tun, dass wir uns um die Zukunft dieser vergangenen Momente und Bemühungen kümmern, nämlich die Gegenwart. Wir können das nur dadurch tun, dass wir jeden Moment als Weggabelung erkennen und realisieren, dass das, was wir jetzt tun, einen großen Einfluss darauf hat, wie die Welt sich entfalten wird, Ihre Welt und Ihr einziges, wildes, kostbares Leben. Wir kümmern uns am besten um die Zukunft, indem wir uns sorgfältig um das gegenwärtige Jetzt kümmern.

Das sollte Ansporn genug sein, mit Integrität und Geistesgegenwart zu handeln, mit Mitgefühl und Freundlichkeit für uns selbst und für andere. Irgendwann in der Zukunft an einem angenehmeren Ort ankommen zu wollen: Das ist eine Illusion. Es ist alles schon da; mehr wird es nicht.

Das ist auch kein schlechter Grund, um zu üben, wie man sich dem öffnet. Genau darum geht es in der formellen Meditationspraxis, mit der wir uns im nächsten Teil des Buches beschäftigen wollen.

Zweiter Teil

Sich auf die Praxis einlassen: Achtsamkeit kosten

Haben Sie schon einmal die Erfahrung gemacht,
so vollkommen innezuhalten,
so vollständig in Ihrem Körper zu sein,
so vollständig in Ihrem Leben zu sein,
dass alles, was Sie wussten und nicht wussten,
was gewesen war und was noch kommen sollte,
und auch die Dinge, wie sie gerade waren,
keine Spur von Angst oder Streit mehr enthielten?
Das wäre ein Moment vollkommener Präsenz, jenseits
allen Strebens, jenseits bloßen Annehmens,
jenseits des Wunsches, zu fliehen oder etwas
in Ordnung zu bringen oder voranzustürmen,
ein Moment reinen Seins, der nicht mehr in der Zeit ist,
ein Moment reinen Sehens, reinen Fühlens,
ein Moment, in dem einfach das Leben einfach da ist,
und dieses ‚einfach da ist' packt Sie bei all Ihren Sinnen,
bei all Ihren Erinnerungen, ja sogar bei Ihren Genen,
bei allem, was Sie lieben, und sagt:
Willkommen zu Hause.

Meditationen im Liegen

Das Wichtigste, was Ihnen klar sein sollte, wenn Sie Meditation im Liegen üben: Es geht darum, „in die Wachheit zu fallen" – wie fast immer, wenn Sie Achtsamkeit kultivieren und lebendig verkörpern.

Allerdings besteht, wenn wir uns hinlegen, immer die Gefahr, dass wir einschlafen. Deshalb müssen wir daran arbeiten, uns – angesichts dieses nicht unerheblichen Risikos, in Schläfrigkeit und Unbewusstheit abzudriften – daran zu erinnern, dass wir *in Wachheit fallen* wollen und nicht in den Schlaf. Bei kontinuierlichem Üben ist es jedoch tatsächlich möglich, sich zu konditionieren und dadurch zu lernen, in Wachheit zu fallen, sowohl im konventionellen Sinn des Nicht-Einschlafens als auch im tieferen Sinn: in voller Bewusstheit präsent zu sein.

Die Meditation im Liegen hat viele Vorteile. Zum einen ist es für Sie in den Anfangsstadien der Meditationspraxis vielleicht bequemer, zu liegen als zu sitzen, und wahrscheinlich können Sie so für längere Zeit stillhalten. Zum zweiten: Weil wir uns normalerweise nur zum Schlafen hinlegen, gibt sie uns mehrmals am Tag automatisch die Gelegenheit, zu uns selber zurückzukommen, einmal, bevor wir am Ende des Tages einschlafen, und einmal am Morgen, wenn wir aufwachen. Das eignet sich perfekt dafür, eine Phase formeller Meditationspraxis in den alltäglichen

Tagesablauf einzubauen, sei es nur für wenige Minuten oder für länger, vor allem, wenn man morgens aufwacht. Außerdem: Wenn der Körper ausgestreckt ist, vor allem, wenn wir auf dem Rücken liegen, ist es ziemlich leicht zu fühlen, wie sich der Bauch mit der Atmung bewegt, wie er sich beim Einatmen hebt und ausdehnt und beim Ausatmen zurücksinkt und sich zusammenzieht. Diese Position gibt uns auch ein Gefühl des „Aufgehoben-Seins"; von der Unterlage, auf der wir liegen, gehalten und getragen zu werden. Wir können uns der Umarmung der Schwerkraft ganz und gar hingeben; wir können uns in den Boden oder die Matte oder das Bett sinken und sie die Arbeit tun lassen. Das kann sich manchmal anfühlen, als schwebten wir, und das kann sehr angenehm sein und die Motivation erhöhen, im Körper und im gegenwärtigen Augenblick heimisch zu werden.

Außerdem kann die Hingabe des Körpers an die Schwerkraft den Geist in jener Geisteshaltung schulen, die wir bedingungslose Hingabe nennen könnten. Nicht Hingabe an eine äußere Bedrohung unseres Wohlergehens, sondern ganz und gar an ein „Wohnen im gegenwärtigen Moment", unabhängig von den jeweiligen Umständen, in denen wir uns gerade befinden. Wenn wir üben, uns in die Arme der Schwerkraft fallen zu lassen, sind wir motivierter und eher bereit, uns bedingungslos in das Jetzt fallen zu lassen, in einer Haltung radikalen und offenherzigen Annehmens mit dem umzugehen, was wir im jeweiligen Moment (oder am jeweiligen Tag) im Geist, im Körper und im Leben passieren sehen. Mit anderen Worten: Gut sein zu lassen und loszulassen.

Wenn wir formell im Liegen Achtsamkeit üben (sei es im Bett oder auf dem Fußboden), kann es sehr sinnvoll sein, ganz bewusst die Haltung einzunehmen, die im Yoga die „Totenstellung" genannt wird: auf dem Rücken liegend, die Arme entlang der Körperseiten, Fußspitzen nach außen fallend. Die Bezeichnung „Totenstellung" ist nicht makaber gemeint. Sie erinnert nur daran, dass wir absichtlich sterben und tot sein können für Vergangenheit und Zukunft und uns ganz und gar dem gegenwärtigen Augenblick hingeben können und dem Leben, wie es jetzt in uns zum Ausdruck kommt. Weil man dabei wirklich ein bisschen daliegt wie eine Leiche, ist es in dieser Haltung einfach, bewusst eine Einstellung hervorzurufen, als würden wir, zumindest vorübergehend, innerlich für die Dinge sterben, mit denen Geist und Welt gewöhnlich beschäftigt sind, und uns dem Reichtum des Augenblicks öffnen. Allerdings können Sie Achtsamkeit auch in jeder anderen liegenden Haltung üben, die Ihnen gefällt, etwa zusammengerollt auf der Seite oder auch auf dem Bauch liegend. Jede Stellung birgt ihre eigenen einzigartigen Energien und Herausforderungen, und jede Stellung ist perfekt dazu geeignet, dem gegenwärtigen Moment mit lebendiger Wachheit und Offenherzigkeit zu begegnen. Und natürlich gibt es, welche Stellung Sie auch wählen mögen, viele verschiedene Arten zu üben und viele verschiedene Praktiken, die man auf den gegenwärtigen Augenblick anwenden kann.

*

Wir liegen also auf einer bequemen, gepolsterten Unterlage, auf einem Teppich oder einer Matte, auf einem Bett oder einer Couch. Nun könnten wir uns zuerst einmal der Erfahrung hingeben, so, wie wir sind, einfach da zu sein, in welcher Haltung wir uns auch befinden. Dazu könnte gehören, dass wir uns für die Geräuschlandschaft öffnen und sie sprechen lassen, so, als seien wir tatsächlich gestorben und hörten der Welt nur noch zu, wie sie sich ohne uns weiterdreht. Es kann sein, dass wir mit dieser inneren Einstellung und Orientierung Klänge und die Pausen dazwischen auf eine völlig neue Art und Weise hören. Oder aber wir bemerken zuerst nur, dass wir überhaupt nichts gehört haben, weil wir vom Dröhnen der durch den Körper flutenden Empfindungen so absorbiert waren, oder von dem, was man „mentale Dauerberieselung“ nennen könnte: von den Gedanken, die pausenlos durch den Kopf jagen.

Die ganze Meditation könnte sich schlichtweg dem Gegenwärtig-Sein für das Hören widmen, wobei die Aufmerksamkeit, wenn sie abschweift, immer wieder zum Hören zurückgelenkt wird. Dazu kann man sich auch (natürlich ohne weitschweifig zu werden) fragen: „Wer hört?“ Das ist eine überaus wirkungsvolle Weise zu üben – durch den Sinn des Hörens zur „Be-sinnung“ zu kommen.

Oder wir können das Hören einfach einen Aspekt unserer gelebten Erfahrung sein lassen (was es natürlich ist) und mit einer offenen, weniger dirigierten, weiträumigen Aufmerksamkeit üben, die gleichzeitig alle von den Sinnen ausgehenden Empfindungen und Wahrnehmungen, äußerliche wie innerliche, Moment für Moment absorbiert. Und da wir den Geist ja als eine Art sechstes Sinnesorgan betrachten, würden dann natürlich auch sämtliche mentalen Phänomene zum Feld des Gewahr-Seins gehören. Diese Übung ungerichteter, weiträumiger Aufmerksamkeit, die wir später noch detaillierter erkunden werden, nennt sich „unvermeidliches Gewahrsein“.

Alternativ könnten wir üben, einfach nur auf die Empfindungen beim Atmen zu achten oder bei den Empfindungen in einer bestimmten Körperregion zu sein oder mit einem umfassenden Gefühl für den Körper als Ganzes. Als Teil dieser letzten Übung könnten wir die Haut besonders herausheben oder aber mit einschließen in das Spüren der gesamten Körperhülle; uns auf sämtliche Empfindungen einstimmen, die auftauchen, während wir daliegen, und bewusst registrieren, wie sie sich verändern. Wir könnten uns auch auf die Empfindung der Luft um den Körper herum einstimmen, wie sie den Körper badet, wie sie den Körper einhüllt, wie sie den Körper atmet, vielleicht sogar empfinden oder fühlen, wie die Haut selbst atmet.

Wir können auch einfach beim Beobachten unserer Gedanken und der emotionalen „Ladung“, die sie tragen, verweilen. Wir können beobachten, ob sie positiv, negativ oder neutral sind, relativ stark oder relativ schwach, können sie ins Rampenlicht unseres Gewahrseins stellen und alle anderen Aspekte des gegenwärtigen Augenblicks in den Hintergrund treten lassen. Oder wir stellen ein Objekt unserer Aufmerksamkeit für einige Zeit in den Vordergrund und lassen es dann in den Hintergrund treten, während wir einen anderen Aspekt im Feld der Bewusstheit hervorholen und ihn ins Rampenlicht des Gewahrseins stellen.

Wie Sie sehen, ist die Palette der Achtsamkeit riesig, egal, wie die Körperhaltung aussieht. Sie lädt uns ständig ein, verschiedene methodische Gerüste einzusetzen und dabei zu würdigen, wie notwendig und wichtig diese für die Schulung und Vertiefung von Bewusstheit, Gleichmut und Freiheit von kleinlichen Abhängigkeiten sind. Gleichzeitig können wir, wie wir gesehen haben, in Erinnerung behalten und uns ständig „er-innern“, dass wir bei jedem Objekt der Aufmerksamkeit in Gewahr-Sein verweilen können: beim Atem, bei verschiedenen Aspekten des Körpers, bei Empfindungen und Wahrnehmungen, bei den Myriaden von Gedanken und Gefühlen, die durch den Geist fluten. Oder auch in einem weiten, grenzenlosen, unvermeidlichen, offenen Gewahr-Sein jenseits allen Tuns, und einfach nur das Wissen sein, welches Gewahr-Sein selbst ist.

Wo wir gerade bei den verschiedenen Möglichkeiten sind: Wir haben auch die Wahl, die Augen zu schließen oder offen zu lassen. Wenn wir sie in der Totenstellung offen lassen, dann empfangen wir durch die Augen einfach, was sich über uns befindet (normalerweise irgendeine Zimmerdecke). Wenn Sie natürlich an einem warmen, klaren Tag auf einer Wiese liegen, dann kann

Ihre Meditation auch darin bestehen, stundenlang in die Wolken zu blicken oder in die Äste des Baumes, unter dem Sie liegen. Die Augen offen zu halten, kann natürlich auch sehr hilfreich sein, wenn Sie müde oder schläfrig sind.

Die Meditation im Liegen mit geschlossenen Augen zu üben, ist aber auch wunderbar. Vielen Menschen hilft das, ihre Bewusstheit für die inneren Landschaften von Körper und Geist zu verfeinern. Für sie fördert es Innenschau und Konzentration. Das ist etwas, was Sie selbst entscheiden und womit Sie von Zeit zu Zeit bewusst experimentieren können.

Es gibt nicht nur „die eine", „richtige" Art und Weise, zu üben. In manchen Traditionen meditiert man mit offenen Augen, in anderen mit geschlossenen. Manchmal wird die Entscheidung einfach von den jeweiligen Umständen abhängen und davon, wie wir uns gerade fühlen. Aber gerade in den Anfangsjahren des Meditierens ist es das Beste, nicht je nach Stimmung hin und her zu springen, sondern hauptsächlich bei einer Methode zu bleiben, sodass man das, wofür man sich entschieden hat, wirklich in seiner ganzen Tiefe kennenlernen kann.

Wie schon gesagt, ist es sehr sinnvoll, die Meditation im Liegen vor dem Einschlafen oder sofort nach dem Aufwachen zu üben. Wenn Sie Ihr alltägliches Tun auf diese Weise einrahmen, schenken Sie sich als erste Handlung des Tages die Chance, Ihr Interesse an Achtsamkeit aufzufrischen und zu vertiefen – und Sie sind noch nicht einmal aus dem Bett! Das kann zutiefst positive und wohltuende Auswirkungen auf den ganzen Tag haben und dazu führen, dass Sie im Tagesverlauf eine Gelegenheit nach der anderen zur Praxis finden, buchstäblich von Moment zu Moment. Sie könnten sogar, bevor Sie dann aufstehen, die Absicht formulieren, den ganzen Tag zu einer nahtlosen Meditation zu machen, in der Sie für das Leben in seiner Entfaltung vollkommen präsent sind und in jeden Augenblick eine offenherzige Wissbegier und

Klarheit hineintragen. Diese Bewusstheit könnte sich dann ausweiten: wie Sie aus dem Bett steigen, die Zähne putzen, duschen* und auf alle weiteren Aktivitäten im Laufe des Tages. Wenn Sie dann am Ende des Tages wieder im Bett liegen, können Sie Körper und Geist fühlen und wie all das, was während des Tages geschehen ist, darin nachwirkt; können in einem Fühlen und Spüren des ganzen Körpers und mit offenem, weitem Geist ausruhen, ohne zu beurteilen, was an diesem Tag gut und was schlecht gewesen ist. So daliegend, können wir uns auf ein Gefühl für den Körper als Ganzes einstimmen, auf die Ganzheit unseres Daseins, und spüren, wie wir in Beziehungsgeflechte und Sphären der Ganzheit eingebettet sind, die sich weit über uns hinaus erstrecken. Auf diese Weise können wir alles, was geschehen ist, allmählich loslassen und den Schlaf willkommen heißen, der uns überkommt.

Zusätzlich zum Üben vor dem Einschlafen und direkt nach dem Aufwachen (warum die Sache nicht durchziehen und komplett aufwachen, bevor man das Bett verlässt?) können wir die Meditation im Liegen in den Varianten, die oben skizziert sind, im Grunde jederzeit machen. Letztendlich geht es darum, wie bei aller Meditation, sich auf den Augenblick, wie er ist, einzulassen und in Bewusstheit zu ruhen, außerhalb der Zeit, Moment für Moment wahrnehmend und unterscheidend, was ist.

---

* Als ein gut verständliches Beispiel dafür, wie schnell der Kopf in Geschichten und mentale Dauerberieselung abdriftet und den Kontakt mit dem Körper und der Wirklichkeit des gegenwärtigen Moments verliert, empfehle ich Leuten oft folgendes Experiment: „Das nächste Mal, wenn Sie duschen, prüfen Sie einmal, ob Sie wirklich in der Dusche sind. Häufig werden Sie nämlich feststellen, dass Sie überhaupt nicht in der Dusche sind, sondern zum Beispiel schon beim Meeting mit den Kolleginnen, obwohl es ja noch gar nicht so weit ist. In gewissem Sinne findet das Meeting also tatsächlich bei Ihnen unter der Dusche statt! Und dadurch verpassen Sie komplett das Erlebnis des Wassers auf Ihrer Haut – und so ziemlich alles andere ebenfalls.

Manchmal verspüre ich das dringende Bedürfnis, mich zum Meditieren auf den Boden oder ein Bett zu legen und nicht im Sitzen oder in einer anderen Haltung zu üben. Sich einfach für eine Weile auf den Boden (oder auf die Erde) zu legen, kann Ihre Einstellung komplett verändern: zu diesem Augenblick, zu diesem Tag, zu dem, was dabei herauskommt. Es kann das Vorwärtsdrängen des Kopfes, dieses Getriebene bremsen oder stoppen und Ihnen helfen, sich neu zu kalibrieren, und in dem, was zu tun ist, leibhaftig präsent zu sein. Es kann Ihren Horizont erweitern, wie Sie selbst Körper und Geist in diesem Moment eigentlich sehen und wie Körper und Geist auf das reagieren, was gerade vor sich geht. Und natürlich kann die Meditation im Liegen eine große Hilfe sein, wenn Sie aus irgendeinem Grund das Bett hüten müssen, im Krankenhaus sind oder sich einer schwierigen diagnostischen Prozedur wie etwa einer CT oder MRT unterziehen müssen, bei der man längere Zeit still liegen muss.

Wir können fast jede Situation, in der wir uns hinlegen müssen, in eine Gelegenheit zum Üben verwandeln und dabei verborgene Dimensionen des eigenen Lebens entdecken, neue Gelegenheiten zum Lernen, Wachsen, Heilwerden und zur Transformation. Wenn wir bereit sind, präsent und bei dem zu sein, was gerade auftaucht, wachsen die Chancen, dass sich diese Möglichkeiten und Einsichten, die in jedem Moment verborgen liegen, eröffnen.

Und dann ist da noch der Body-Scan, das achtsame innerliche Durchwandern des Körpers.

Der Body-Scan hat sich als überaus effektive und heilsame Form der Meditation erwiesen. Er bildet den Kern der Meditationsübungen im Liegen, die die Teilnehmerinnen bei der „Stressbewältigung durch Achtsamkeit" (MBSR) trainieren. Dabei geht es darum, mit dem Geist systematisch durch den Körper zu wandern und dabei den verschiedenen Körperregionen eine wohlwollende, offenherzige und interessierte Aufmerksamkeit entgegenzubringen. Gewöhnlich beginnt man bei den Zehen des linken Fußes, geht dann durch den ganzen Fuß – Fußsohle, Ferse, Spann –, dann weiter das linke Bein hinauf, wobei der Reihe nach Knöchel, Schienbein und Wade, Knie, Kniescheibe, der gesamte Oberschenkel an der Oberfläche und im Inneren, die Leistenbeuge und die linke Hüfte drankommen. Dann geht es weiter mit dem rechten Fuß, von dem aus man in derselben Reihenfolge das Bein hinauf wandert. Der Fokus der Aufmerksamkeit wandert dann langsam, Schritt für Schritt, durch die gesamte Beckenregion (wo noch einmal die Hüften berührt werden) zu den Pobacken und den Genitalien, in das Kreuz, den Bauch. Von da geht es in den Oberkörper: Rücken, Brustkorb und Rippen, Brüste, Herz, Lungen, die großen Blutgefäße, die im Brustkorb untergebracht sind, dann zu den Schulterblättern, die hinten über dem Brustkorb schweben, bis zum Schlüsselbein und den Schultern. Von den Schultern gehen wir zu den Armen über, die wir gewöhnlich gleichzeitig machen, indem wir bei den Spitzen der Finger und des Daumens beginnen und sukzessive Finger, Handflächen, Handrücken, Handgelenke, Unterarme, Ellenbogen, Oberarme, Achselhöhlen wieder bis zu den Schultern durchgehen. Dann gehen wir zu Nacken und Kehle über und schließlich zu Gesicht und Kopf.

Auf dem ganzen Weg dürfen wir uns ruhig auf einige bemerkenswerte anatomische Strukturen, biologische Funktionen und – etwas poetischer – metaphorische und emotionale Dimensionen verschiedener Körperregionen einstimmen, wie auch auf ihre besondere individuelle Geschichte und ihr Potenzial: die Fähigkeit der Füße, unser Gewicht zu tragen; die sexuelle und generative Energie der Geschlechtsorgane; bei Frauen die Fähigkeit, Leben zu gebären, oder die Erinnerung an Schwangerschaften und Geburten (natürlich nur bei denen, die welche erlebt haben);

die reinigenden und ausscheidenden Funktionen, die mit Blase, Nieren und Darm zusammenhängen; die Verdauungsfeuer des Bauches und seine Rolle beim Atmen und bei unserer Erdung im physischen Schwerpunkt des Körpers; die Heldentaten des Kreuzes, das uns, der Schwerkraft trotzend, aufrecht hält; das strahlende Potenzial des Solarplexus; den Brustkorb als Sitz des physischen wie des metaphorischen Herzens (wir gebrauchen zum Beispiel Ausdrücke wie „leichten" oder „schweren Herzens", „hartherzig", „das hat mir das Herz gebrochen", „herzzerreißend", „warmherzig", „herzensgut", wir „grüßen herzlich" oder sagen, dass uns „ein Stein vom Herzen gefallen ist"); die enorme Beweglichkeit der Schultern; die Schönheit der Hände und Arme; die bemerkenswerten Strukturen und Funktionen des Kehlkopfes, die uns in Zusammenarbeit mit Lungen und Zunge, Lippen und Mund erlauben, das, was wir im Herzen und in Gedanken tragen, durch Sprache und Gesang auszudrücken; wie hart das Gesicht arbeitet, um mitzuteilen, was wir fühlen (oder auch, um es zu verbergen); die stille Würde eines menschlichen Gesichts im Schlaf; und schließlich die bemerkenswerte, sich ständig ändernde Architektur des menschlichen Gehirns (des komplexesten Gebildes im uns bekannten Universum, das reine Materie hervorbringen kann, geschützt im Panzer des Schädels) und Nervensystems mit ihren Fähigkeiten. All das kann eingebettet sein in eine Wertschätzung für den Körper, während wir ihn mit liebevoller Aufmerksamkeit und achtsamer Bewusstheit durchwandern und dabei auch nicht vor Gedanken oder Gefühlen bezüglich unseres Körpers zurückscheuen, sondern einfach alles, „hinter allem Denken", in der Schwebe der Bewusstheit belassen.

Man kann den Body-Scan mit großer Präzision und sehr vielen Details ausführen, die verschiedenen Körperregionen vor dem inneren Auge Schritt für Schritt visualisieren, während man sie bewusst „bewohnt" und außerhalb der Zeit in ihnen verweilt.

Dazu kann gehören, dass man spürt, wie der Atem in und durch jede dieser Regionen strömt – was er natürlich tatsächlich tut, denn die Atemenergie erreicht und badet jeden und alle diese Bereiche in Form des mit Sauerstoff angereicherten Blutes. Wenn Sie den Body-Scan ohne eine Anleitung per Kassette, CD, Download oder App ausführen und Zeit und Lust dazu haben, dann können Sie ganz gemächlich vorgehen und sich Zeit nehmen, in jeder dieser Körperregionen ganz heimisch zu werden und über den Atem und die direkte Aufmerksamkeit auf die puren Empfindungen, die aus ihr aufsteigen, eine tiefe Vertrautheit damit entwickeln. Wenn es soweit ist, können Sie dann loslassen und gut sein lassen und zum nächsten Bereich übergehen.

Die Patienten unserer „Stress Reduction Clinic" üben den Body-Scan während der ersten beiden Wochen des Programms (an mindestens sechs Tagen pro Woche) täglich fünfundvierzig Minuten lang, angeleitet von einer Audio-Aufnahme ihrer jeweiligen Therapeutin. In den folgenden Wochen üben sie den Body-Scan weiter, aber jetzt im Wechsel zunächst mit achtsamem Yoga und dann mit formeller Meditation im Sitzen, beides ebenfalls unter Anleitung ihrer Therapeutin. In den Anfangsphasen den Body-Scan zum Kern der Achtsamkeitspraxis zu machen, ist empfehlenswert, vor allem dann, wenn jemand unter einer chronischen Erkrankung und /oder chronischen Schmerzen leidet. Trotzdem ist der Body-Scan nicht für jede geeignet, und er ist auch nicht immer die Meditation der Wahl, auch für Menschen, die ihn lieben. Aber er ist extrem nützlich, und es ist gut, damit vertraut zu sein und ihn von Zeit zu Zeit zu praktizieren, ganz gleich unter welchen Umständen und in welchem körperlichen Zustand. Wenn Sie sich den Körper als Musikinstrument vorstellen, dann ist der Body-Scan ein Weg, es zu stimmen. Wenn Sie ihn sich als Universum vorstellen, so ist der Body-Scan ein Weg, es kennenzulernen. Wenn Sie sich Ihren Körper als Haus vorstellen, dann ist der Body-Scan so, als würden Sie alle Fenster und Türen aufreißen und den frischen Wind des Gewahrseins hindurchwehen lassen.

Je nach Situation oder wenn Sie unter Zeitdruck sind, können Sie den Body-Scan auch sehr viel schneller machen. Sie können eine Ein-Einatmen-ein-Ausatmen-Version machen oder Versionen von einer, zwei, fünf, zehn oder zwanzig Minuten Länge. Wie präzise und wie detailliert Sie vorgehen, hängt natürlich von dem Tempo ab, mit dem Sie den Körper durchgehen. Jedes Tempo hat seine Vorteile, und letztlich geht es darum, dass Sie mit Ihrem gesamten Sein und Ihrem gesamten Körper in Fühlung sind, außerhalb der Zeit und auf jede Art und Weise, die Ihnen möglich ist.

Sie können lange oder kurze Body-Scans morgens oder abends im Bett praktizieren. Sie können sie auch im Sitzen oder im Stehen üben. Es gibt zahllose kreative Möglichkeiten, den Body-Scan (oder jede andere Form der Meditation im Liegen) in Ihr Leben einzubringen. Wenn Sie diese Methoden anwenden, werden Sie höchstwahrscheinlich feststellen, dass sie Ihnen eine neue Lebendigkeit bringen; dass sie zu einer neuen Wertschätzung für Ihren Körper führen und dafür, welch ein gutes Vehikel er ist, um hier und jetzt leibhaftig das zu verkörpern, was das Tiefste und Beste in Ihnen ist – zum Beispiel: Ihre Würde, Ihre Schönheit, Ihre Vitalität und Ihr Geist, wenn er offen und gelassen ist.

Noch einmal: Ich kann den Wert der Meditationen im Liegen nicht genug betonen, vor allem morgens im Bett. In konventioneller Ausdrucksweise sagen wir, wenn wir morgens aufstehen, wird würden aufwachen. Wirklich? Vielleicht schlafen wir noch halb, aber der Autopilot ist schon an. Warum nicht in genau diesem Moment nachprüfen, ob wir den Job nicht noch zu Ende bringen müssen? Warum nicht erst einmal dafür sorgen, dass Sie wirklich wach sind und bewusst und in Fühlung mit dem Körper, nicht so gedankenverloren und (bevor Ihre Füße überhaupt den Boden berührt haben und Ihr Tagesablauf begonnen hat!) schon getrieben von dem, was der Terminkalender bereithält? Das ist eine extrem wirkungsvolle Praxis und kann sich leicht zu einem ganzen Lebensstil auswachsen, bei dem sich Ihre Bewusstheit mit großer Kraft in den ganzen Tag und in die Nacht hinein ausweitet. Vielleicht wäre es sogar einen Versuch wert, dafür extra etwas Zeit zu reservieren, den Wecker vielleicht auf ein bisschen früher zu stellen und sich damit einen Moment aufzubauen, in dem Sie vor den morgendlichen Routineabläufen ins Wachsein fallen können.

Meditationen im Sitzen

Wie bei den Meditationen im Liegen gibt es auch bei der Meditation im Sitzen verschiedene Möglichkeiten, Achtsamkeit zu kultivieren. Letztlich laufen sie alle auf einen geschickten Umgang mit dem hinaus, was sich in der Landschaft des Jetzt vorfindet; bei den Dingen, wie sie tatsächlich sind, zu sein und sie zu erkennen. Hört sich einfach an. Und ist es auch. Aber gleichzeitig hat die Sitzmeditation nichts Hemdsärmeliges, so wie jede andere Form der Meditationsübung nicht schludrig praktiziert werden kann. Wir können und müssen sanft und freundlich mit uns selbst umgehen und dennoch so sitzen, als hinge unser Leben davon ab. Denn wenn man es recht betrachtet, tut es das auch.

Um das verstehen zu können, müssen wir begreifen, was es bedeutet, zu sitzen. Es heißt nicht nur einfach dasitzen. Es bedeutet, dass wir im gegenwärtigen Moment und in Beziehung zu ihm unseren Platz einnehmen. Es bedeutet kurioserweise, einen Standpunkt einzunehmen – im Sitzen. Deshalb ist das Einnehmen und Aufrechterhalten einer Haltung, die Würde verkörpert – was immer das für Sie bedeuten mag –, in der formellen Praxis der Meditation im Sitzen so hilfreich. Diese Haltung verkörperter Würde spiegelt innerlich und äußerlich unmittelbar Ihre Selbstbestimmung wider und strahlt sie aus: dass Sie sind, wer Sie sind; jenseits aller Worte, Begriffe und Beschreibungen, auch jenseits dessen, was andere von Ihnen denken – sogar jenseits dessen, was Sie selbst von sich denken! Es ist eine Würde ohne Aufdringlichkeit, in der Sie weder vorwärtsdrängen noch vor etwas zurückweichen – ein Balancieren in schierer Gegenwart, ein „Gegenwärtigen".

Auch wenn es sich für Sie vielleicht nicht immer so anfühlt, ist es doch hilfreich, wenn Sie an die Praxis des Sitzens herangehen, als sei es ein radikaler Akt der Liebe, auf diese Weise zu sitzen: der Liebe zu sich selbst, der Liebe zu anderen, der Liebe zur Welt, der Liebe zu Stille und Einsicht, der Liebe zum Mitgefühl, der Liebe zu dem, was das Wichtigste im Leben ist. Mit der Zeit werden Sie erkennen, dass das tatsächlich so ist, und zwar auf eine Art, die weit tiefer geht als diese Worte oder die Vorstellungen, die Sie von der Meditationsübung haben mögen.

So gesehen, können wir das, was wir mit „Sitzen" meinen, in jeder Körperhaltung üben, auch im Liegen oder Stehen. Denn hier ist die Rede von einer inneren Orientierung und nicht davon, ob Sie wortwörtlich sitzen oder nicht. Es ist der Geist, der „sitzt".

Aber auch wenn dem so ist, hat die formelle Meditation im (wörtlich genommenen) Sitzen doch sehr viel für sich. Nicht ganz unbedeutend ist beispielsweise die große potenzielle Stabilität dieser Haltung; im Vergleich zum Liegen die geringere Wahrscheinlichkeit, dass Sie dabei einschlafen; und im Vergleich zum Stehen die geringere Wahrscheinlichkeit, dass Sie allein schon durch das Aufrechterhalten der Position müde werden. Denn besonders wenn Sie lernen, eine stabile Sitzposition aufzubauen, die vom muskulären Aufwand her so ökonomisch wie möglich ist, kann das Sitzen Ihre Fähigkeit, Achtsamkeit zu üben, mit großer Konzentration und körperlichen und geistigen Qualitäten wie Stabilität, Scharfblick und Beharrlichkeit unterstützen.

Was die Körperhaltung angeht, so entsteht die größte Stabilität, wenn man mit gekreuzten Beinen auf dem Boden sitzt (es gibt verschiedene Varianten), wobei das Gesäß durch ein Sitzkissen oder -bänkchen auf eine geeignete Höhe gebracht wird.* Nicht allen Menschen behagt es, auf dem Boden zu sitzen, besonders am Anfang, und da es beim Üben letztlich nicht um die Stabilität des Körpers geht, sondern um einen stabilen, offenen und klaren Geist und die Ernsthaftigkeit der Motivation, ist es relativ unwichtig, worauf Sie sitzen. Selbst Ihre Körperhaltung ist relativ unwichtig. Auf einem Stuhl zu sitzen, ist eine ebenso brauchbare und wirksame Art, zu praktizieren, besonders wenn der Stuhl eine gerade Lehne hat und Sie so dabei unterstützt, in einer aufrechten Haltung zu sitzen, die Wachheit und Würde verkörpert. Aber klammern wir uns nicht allzu sehr an ein Konzept von Würde oder an eine bestimmte Haltung. Im Grunde ist es die innere Haltung, die zählt, nicht die äußerliche Sitzposition.

Wenn wir uns in der Sitzhaltung eingerichtet haben, überlassen wir uns einfach der Bewusstheit für den gegenwärtigen Moment. Die Möglichkeiten sind dieselben wie bei der Meditation im Liegen, und wie dort können wir auch bei jeder dieser Übungen im Sitzen mit offenen oder mit geschlossenen Augen arbeiten.

Das Hören ist vielleicht der grundlegendste Zugang zur Meditation im Sitzen, denn wir haben ja nichts anderes zu tun, als der Geräusche gewahr zu sein, die sowieso schon an unser Ohr gelangen. Da alles bereits geschieht, da wir ja bereits hören, gibt es eigentlich nichts weiter zu tun, als es zu erkennen. Die Herausforderung ist: Können wir das? Können wir da sitzen, Moment für Moment, und einfach hören, was es zu hören gibt, ohne

---

* Kleiner Tipp, falls Sie auf einem Meditationskissen (*Zafu*) sitzen: Setzen Sie sich auf das vordere Drittel und nicht direkt in die Mitte. Dadurch neigt sich Ihr Becken nach vorne, wodurch eine ganz leichte, aber wichtige Biegung im Hohlkreuz entsteht.

die Ausschmückungen und Ablenkungen des weitschweifigen, sprunghaften Denkens? Meistens und für die meisten dürfte die Antwort lauten: „Nein." Aber wir können genau diese Herausforderung erforschen. Wir können damit experimentieren, eine Bewusstheit dafür zu entwickeln, wie sehr wir den Kontakt zu einem so offensichtlichen Aspekt des gegenwärtigen Augenblicks verloren haben. Bei dieser speziellen Form der Übung öffnen wir unsere Aufmerksamkeit also für die Landschaft des Hörens und halten sie darin aufrecht, so gut wir können, Moment für Moment für Moment. Mit den Worten Buddhas: Im Hören gibt es nur das Gehörte. Wenn der Geist abschweift (was er unvermeidlich tun wird), registrieren wir, was wir in diesem Moment denken (es ist immer dieser Moment, wenn es passiert) oder in den Momenten, die gefolgt sind, bis wir bemerkt haben, dass wir mit der Aufmerksamkeit nicht mehr beim Hören waren. Wir registrieren, so gut wir können, was wir in diesem Moment denken, ohne zu urteilen oder zu kritisieren (und ohne zu verurteilen oder zu kritisieren, wenn wir bereits verurteilt oder kritisiert haben ...). Dann und dort (was ja automatisch hier und jetzt ist) lassen wir unser Bewusstsein einfach wieder das Hören umfassen und lassen das Hören wieder seinen Platz als primären Fokus der Aufmerksamkeit einnehmen. Wir bringen den Geist zum Hören zurück, immer und immer wieder, wenn er vom Hören abgelenkt wird, zerstreut ist, abschweift.

Eine weitere Option, die für viele Menschen am Anfang ihrer Meditationspraxis ebenso einfach und leicht zugänglich ist, ist die, statt der Landschaft des Hörens den Atem zum primären Objekt der Aufmerksamkeit zu machen, weil der Atem (wie das Hören) ebenfalls immer da ist und ohne ihn buchstäblich „gar nichts geht". Wie beim Hören ist auch die Einladung, von Moment zu Moment auf das Erleben des eigenen Atems zu achten, als Idee sehr einfach, als Übung aber alles andere als leicht, besonders was den Punkt betrifft, die Aufmerksamkeit aufrechtzuerhalten. Wie die Hörmeditation ist auch die Atemmeditation potenziell so tiefgründig wie jede andere Form der Meditation, denn letztlich ist die Achtsamkeit, die dabei kultiviert wird, dieselbe, und auch die Einsichten, die daraus entstehen können, sind dieselben.

Nie ist das Objekt der Aufmerksamkeit das Primäre. Es ist das Aufmerksam-Sein an sich. Das ist ein Grundprinzip, das man sich merken kann, was auch immer Ihre Praxis ist, welches Objekt der Aufmerksamkeit Sie sich auch immer ausgesucht haben. Obwohl es natürlich wichtig ist, ist das, worauf wir achtgeben, sekundär. Die diversen Sinnespforten sind alle verschiedene Zugänge zum Gewahrsein selbst. Es geht nicht darum, eine Tür zu bevorzugen oder in der Tür zu stehen und sie zu kommentieren. Es geht vielmehr darum, den Raum der Bewusstheit zu betreten und zum festen Wohnsitz zu machen, egal, durch welche Tür Sie eingetreten sind.

Die grundlegenden Anweisungen für die Achtsamkeit auf den Atem sind, dass wir uns (während wir die würdevolle Sitzhaltung aufrechterhalten, die wir eingenommen haben) auf die Atem-Empfindungen an einem Ort im Körper fokussieren, an dem sie besonders deutlich sind, gewöhnlich an den Nasenlöchern oder im Bauch. Dann halten wir diese Bewusstheit für das Gefühl des ein- und ausströmenden Atems an den Nasenlöchern so gut wie möglich aufrecht; oder wir verweilen, alternativ, aufmerksam bei den Empfindungen, die mit dem Heben und Senken der Bauchdecke beim Ein- und Ausatmen verbunden sind.

Wenn wir feststellen, dass der Geist von diesem primären Objekt der Aufmerksamkeit abgeschweift ist (was wieder und wieder geschehen wird), dann nehmen wir einfach zur Kenntnis, was in dem Moment in unserem Geist vorgeht, indem wir uns wieder an das Atmen erinnern und merken, dass wir schon eine Weile nicht mehr dabei gewesen sind. Wir tun das, so gut es geht, ohne zu urteilen oder uns zu verdammen. Wir wissen auch: Die Erkenntnis, dass wir nicht mehr beim Atem sind, ist an sich schon Gewahrsein, und damit sind wir schon wieder zurück im gegenwärtigen Augenblick. Auch wichtig: Wir müssen das, was den Geist im Moment zuvor beschäftigt hat, nicht vertreiben oder unterdrücken, wir müssen uns noch nicht einmal erinnern, was es war. Wir erlauben einfach nur dem Atem, wieder seinen Platz als primäres Objekt der Aufmerksamkeit einzunehmen, denn er war in keinem Moment *nicht* vorhanden und steht uns in diesem Augenblick (wie in jedem anderen) zur Verfügung.

Eine andere, sehr wirksame Form der Sitzmeditation, die wir üben können, sobald entweder die Hör-Meditation oder die Atem-Meditation stabil geworden ist (je nachdem, welche Sie machen), besteht darin, das Feld der Bewusstheit so auszudehnen, dass es die Empfindungen im Körper umfasst. Mit anderen Worten, eine Bewusstheit für die Empfindungen in verschiedenen Teilen des Körpers. Wir nehmen wahr, wie sie entstehen, vielleicht eine Weile dominieren und sich dann in einem Moment oder im Laufe einer Meditationssitzung verändern: Empfindungen wie etwa Schmerzen im Knie oder im Kreuz oder Kopfschmerzen, aber genauso auch subtile oder lebhafte Gefühle der Entspannung, des Wohlbefindens und Wohlgefühls im Körper. Zu solchen Empfindungen kann auch das Gefühl von Druck oder Wärme an den Stellen gehören, an denen der Körper den Boden berührt, es kann ein Prickeln, Jucken, Pulsieren, Ziehen, Pochen oder die leichte Berührung durch einen Luftzug sein, Wärme oder Kälte irgendwo im Körper – die Liste der Möglichkeiten ist endlos. Zu den Empfindungen kann auch deutlich ausgeprägtes körperliches Unwohlsein oder starker Schmerz gehören, die entweder daraus resultieren, dass Sie längere Zeit gesessen haben, ohne sich zu rühren, oder aus einer bestehenden Erkrankung. Solche unangenehmen Empfindungen müssen für die Entwicklung und Vertiefung Ihrer Sitzpraxis kein Hindernis sein, obwohl es immer wichtig ist, auf der sicheren Seite zu bleiben und die Grenzen in einem bestimmten Moment nicht mit Gewalt überwinden zu wollen. Wir sitzen einfach, so gut es uns möglich ist, mit einer Bewusstheit für die Empfindungen im Körper, ganz gleich, ob sie angenehm, unangenehm oder neutral sind, und registrieren ihre Intensität. So gut es geht, reagieren wir nicht emotional auf sie oder stacheln sie noch dadurch an, dass wir uns wünschen, unser Zustand wäre anders, damit wir „besser" meditieren könnten als jetzt gerade. Mit anderen Worten: Wir rollen einfach den roten Teppich aus für alle Empfindungen, die in diesem Moment entstehen mögen, und nehmen sie an, wie sie sind und wo immer sie sind, hinter allen Einfärbungen durch Vorlieben und Abneigungen oder Erwartungen, wie „es" eigentlich sein sollte (aber eben nicht ist). All dies im Dienste einer größeren Vertrautheit mit der Landschaft des Jetzt, die, wie wir immer wieder gesehen haben, den Körper umfasst und in ihm verankert ist. Auf diese Weise kultivieren wir eine exquisite Vertrautheit mit der Landschaft des Körpers und den Empfindungen, durch die er sich kundtut.

Eine weitere Form der Sitzmeditation: Sitzen mit einer Empfindung für den Körper als Ganzes, wie er dasitzt und atmet. Dies ist eine Übung, die mir persönlich besonders liegt. In einigen Traditionen nennt man sie „Ganzkörper-Sitzen". Dabei öffnen wir uns für das subtilere Wissen der Propriozeption und Interozeption ebenso wie für spezifischere und isoliertere Empfindungen innerhalb des Körpers. Die Bewusstheit umfängt nun die Gesamtheit des Körpers, auch die Haut sowie die Sitzhaltung selbst. Dabei können wir wahrnehmen, wie alle Empfindungen, einschließlich der oben erwähnten, in diesem sensorischen Feld ständig durch den ganzen Körper fluktuieren, und wir können, wie zuvor, uns einfach dafür öffnen und im Moment des Kontakts mit ihnen zur Kenntnis nehmen, ob sie angenehm, unangenehm oder neutral sind, und sie in dem Maße, wie es uns möglich ist, annehmen, wie sie sind und wo immer sie sind.

Bei dieser Praxis kommen Atmung und Körper als Ganzes zusammen (obwohl sie natürlich niemals getrennt waren), werden als Einheit gesehen, gefühlt und begriffen, und wir verweilen einfach hier von Moment zu Moment (und etablieren uns in diesem Zustand natürlich immer wieder neu, wenn er in den Ablenkungen des Geistes oder im Strom der Impulse aus der Außenwelt verloren geht).

Wie Sie sehen, gibt es praktisch keine Grenzen für den Prozess, in dem sich das Feld des Gewahr-Seins um den Atem herum und um den sitzenden Körper insgesamt ausweiten kann. Während wir dasitzen, können wir das Hören, das Sehen (wenn wir die Augen offen haben), das Riechen hinzunehmen; wir können jeweils eine Sinneswahrnehmung hervorheben oder aber gleichzeitig auf alle achten, wie sie sich Moment für Moment entfalten. Die Grundhaltung bleibt dabei immer dieselbe: im Gewahr-Sein selbst zu verweilen und zu sehen, zu hören, zu fühlen, zu spüren, zu erkennen, was immer es zu sehen, zu hören, zu fühlen, zu spüren und zu erkennen gibt – im Moment seines Entstehens, im Moment seines Existierens und im Moment seines Vergehens. Wir sind selbst das Erkennen, weil wir uns auf das ausrichten, was das Fundamentalste in uns ist: nämlich unsere Fähigkeit zur Bewusstheit, zum Erkennen selbst, jenseits der konventionellen Grenzen von Namen und Formen und Begriffen jeder Art.

Wir können auch beschließen, bei der Meditation im Sitzen die Welt der somatischen Empfindungen – einschließlich der Atem-Empfindungen – in den Hintergrund treten zu lassen, zusammen mit der Landschaft des Hörens und den anderen Sinnesmodalitäten, und stattdessen einen anderen Aspekt unseres momentanen Erlebens ins Rampenlicht der Aufmerksamkeit holen, etwa den Denkprozess selbst und/oder unsere Emotionen. Hier achten wir auf die Aktivität des Geistes an sich als die Aktivität eines Sinnesorgans, ganz ähnlich, wie wir ja auch auf die Aktivität der fünf traditionelleren Sinnesorgane achten und uns so mit ihnen enger vertraut machen und sehen können, wie sie Bewusstheit entweder steigern oder unterdrücken.

Bei dieser Übung lenken wir, während wir dasitzen, unsere Aufmerksamkeit einfach auf Gedanken als Ereignisse im Feld der Bewusstheit, wie sie auftauchen und verschwinden auf eine Weise, die sich oft wie ein wogender, reißender Strom oder Wasserfall anfühlt. Wir nehmen, so gut es geht, ihren Inhalt zur Kenntnis, ihre emotionale Ladung (wie vorher: angenehm, unangenehm oder neutral) und ihre flüchtige und vergängliche Natur, während wir gleichzeitig (so gut es geht) versuchen, uns nicht in ihren Inhalt hineinziehen zu lassen. Das würde ja, wie wir leicht herausfinden können, nur zu weiteren Gedanken, Bildern, Erinnerungen oder Fantasien führen, sodass wir von einem stetig anschwellenden Strom von Gedanken, die zu immer weiteren Gedanken führen, mitgerissen würden, statt in jenem wissenden Bezugsrahmen zu verweilen, in dem alle Gedanken mit einem gewissen Gleichmut betrachtet werden, erkannt als Ereignisse mit Inhalt und emotionaler Ladung, und belassen werden, so wie sie sind: als zeitweilig entstehende, existierende und in der Landschaft des Geistes vergehende Ereignisse, im Feld des Gewahr-Seins selbst.

Hierbei können, wie diese verbale Beschreibung des Prozesses andeutet, gewisse Bilder beim Üben hilfreich sein, solange wir nicht zu starr an ihnen festhalten oder sie zu wörtlich nehmen. Zum Beispiel: Wenn wir uns Gedanken und Emotionen als einen endlosen Fluss vorstellen, der ununterbrochen dahinströmt, ob wir meditieren oder nicht, ob wir ihn beobachten oder nicht, dann kann es manchmal hilfreich sein, sich von der Praxis einladen zu lassen, am Flussufer zu sitzen und auf das endlose

Gurgeln, Plätschern und Glucksen zu hören, auf die Stimmen, Bilder und Geschichten des Flusses, ohne in sie einzutauchen und weggeschwemmt zu werden. Wir können am Ufer unseres Gedankenstroms sitzen und, indem wir seinen Stimmen zuhören, diesen Strom kennenlernen, wie er sich verhält, was er mit sich trägt – auf eine Art, wie wir es nie könnten, wenn wir ständig davon überspült würden. Das ist eine direkte und effektive Methode, die Natur des Geistes zu erforschen, wobei Sie den eigenen Geist als Werkzeug und Forschungsobjekt gleichzeitig benutzen.

Ein anderes, damit verwandtes und für viele hilfreiches Bild ist das von den Kaskaden des Geistes: Als würde der Strom unserer Gedanken und Emotionen von einem hohen Felsen herabstürzen und einen riesigen Wasserfall bilden. Wir stellen uns vor, dass es hinter dem Vorhang aus Wasser und Gischt eine Höhle gibt, in der wir sitzen und dem Strom von Gedanken und Emotionen zusehen und zuhören können, wobei wir vielleicht wenigstens ein paar davon als individuelle Tropfen, als klar unterscheidbare Ereignisse innerhalb der chaotischen Komplexität des fallenden Wassers wahrnehmen, als individuelle Ereignisse, die gesehen und gefühlt und erkannt werden können, ohne dass wir in die reißenden Fluten stürzen und von ihnen weggeschwemmt werden müssen, ja sogar, ohne von der Gischt durchnässt zu werden. Wir bleiben warm und trocken, sind einfach bei jedem geistigen Ereignis, wissen um es, um jede Blase, die auftaucht, existiert und sich auflöst.

Ein weiteres Bild, das beim achtsamen Wahrnehmen von Gedanken und Emotionen hilfreich sein kann, ist folgendes: Wir schauen aus einem hohen Fenster auf die endlose Schlange von Autos, die auf der Straße unter uns vorbeirollen. Die Aufgabe besteht darin, einfach leidenschaftslos jeweils das Auto zu registrieren, das im Moment gerade unter uns vorbeifährt. Da die

Autos alt oder neu sein können, schick oder einfach, selten oder alltäglich, elektrisch oder nicht, mag es passieren, dass unser Kopf sich noch lange, nachdem es vorbeigefahren ist, mit einem Auto beschäftigt; sich alles Mögliche dazu ausdenkt, es im Geiste mit anderen vergleicht, die vorbeigefahren sind (oder auch nicht) oder mit anderen (historischen oder aktuellen) Automarken. Oder ein Auto hat zum Beispiel aus irgendeinem Grund eine sentimentale Bedeutung für uns, und sein Anblick löst vielleicht eine Kette von angenehmen oder unangenehmen Kindheitserinnerungen an Familienausflüge mit dem Auto aus. Oder wir beginnen von dem Auto zu träumen, das wir uns gern kaufen würden, denken dabei an den Klimawandel und überlegen, ob wir nicht auch ohne Auto auskommen könnten. Wie auch immer, vielleicht sind Hunderte von Autos vorbeigefahren, von uns unbemerkt, weil wir von diesem einen Auto fasziniert und abgelenkt waren, das zufällig unseren Gedankenstrom in Bewegung gesetzt hat. Wenn das passiert, dann registrieren wir so gut wie möglich, was die Ereigniskette war, von der wir davongetragen wurden. Wir registrieren, wo wir jetzt sind, und machen mit dem Auto weiter, das sich jetzt gerade vor und in unserem Bezugsrahmen befindet. Dies wird sicherlich immer wieder passieren.

Ganz gleich, welches Bild oder welchen Prozess wir auswählen, Gedanken und Gefühle zu beobachten ist extrem schwierig, weil sie sich so wild vermehren und weil sie, obwohl substanzlos und flüchtig, doch unsere ureigenste Realität herstellen, die Geschichte, wer und was wir sind, was wichtig für uns ist und worin wir Sinn sehen; und auch deshalb, weil sie mit emotionalem Gepäck befrachtet daherkommen, das nichts anderes ist als die zum größten Teil nie hinterfragten Gewohnheiten, mit denen wir unser Überleben sicherstellen und uns in der Welt orientieren wollen.

Als Folge davon hängen wir gewöhnlich an vielen, wenn nicht an den meisten unserer Gedanken und Gefühle (egal welchen) und nehmen ihren Inhalt schlicht für bare Münze, ohne sie infrage zu stellen. Dabei erkennen wir kaum, dass Gedanken und Gefühle in Wirklichkeit einzelne Ereignisse im Feld des Bewusstseins sind, winzige und flüchtige Geschehnisse, die gewöhnlich ein bisschen, wenn nicht sogar hochgradig ungenau und unzuverlässig sind. Unsere Gedanken mögen gelegentlich zu einem gewissen Grad relevant und zutreffend sein, doch oft sind sie auch – mindestens teilweise – von eigennützigen und selbstverliebten Neigungen verzerrt, zum Beispiel unseren Zielen und Abneigungen und der alles beherrschenden Tendenz, unsere Ziele und Abneigungen zu verdrängen oder uns von ihnen – und vielleicht auch von unreflektierter Selbstgerechtigkeit – irreführen zu lassen.

Und dann gibt es da noch das unvermeidliche Gewahrsein.

Wenn wir davon ausgehen, dass das Feld des Gewahrseins, das wir durch die oben beschriebenen Übungen kultiviert haben, im Grunde von Natur aus grenzenlos ist, können wir unser Gewahrsein noch weiter ausdehnen, über das spezifische aufmerksame Begleiten des Stromes der Gedanken und Emotionen hinaus, die jeden Moment entstehen und vergehen. Wir können das Feld des Gewahrseins stattdessen unendlich und grenzenlos sein lassen, seinem Wesen nach wie der Raum selbst oder wie der Himmel, und wahrnehmen, dass es sämtliche Aspekte unseres Erlebens, innere und äußere, sensorische, perzeptuelle, somatische, emotionale, kognitive, als primäre Objekte der Aufmerksamkeit beinhalten kann. Und dass wir in diesem unendlichen, himmelsgleichen Feld des Gewahr-Seins verweilen können, ohne zwischen einzelnen Ereignissen zu wählen oder eines davon besonders hervorzuheben. Stattdessen lassen wir sie einfach kommen und gehen, auftauchen und verschwinden, wie sie wollen, und lassen sie in ihrer Fülle erkannt sein, Moment für Moment in der Landschaft des Jetzt.

Dies ist die Praxis, die Krishnamurti „unvermeidliches Gewahrsein“ genannt hat, verwandt mit der Praxis des *Shikantaza* („nur sitzen – mehr nicht“) im Zen und dem *Dzogchen* der tibetischen Tradition. Der Buddha nannte es „themenlose Konzentration des Gewahrseins“. Der Geist selbst, wenn er einmal auf diese Weise kultiviert wurde, hat die Fähigkeit, sofort zu erkennen und zu begreifen, was auftaucht, und seine wahre Natur zu erkennen, während es entsteht. Beim Entstehen wird es vom Geist selbst auf nicht-begriffliche Weise erkannt, so, als kenne der Himmel die Vögel, die Wolken und das Mondlicht, die in ihm sind. Und in diesem Wissen ohne Fixierung, ohne Aversion, in diesem Wissen in genau diesem Augenblick des Jetzt „selbstbefreit“ sich, wie die Tibeter zu sagen pflegen, das Ereignis, die Empfindung, die Erinnerung, die Gedankenblase im mentalen Strom, das Gefühl der Verletztheit oder Traurigkeit, des Zornes oder der Freude, als würden wir eine Seifenblase berühren, jedoch geistig, oder als löse es sich im Wissen auf wie etwas, das „ins Wasser geschrieben“ wird.

*

Ein Gasthaus ist dieses menschliche Dasein.
Jeden Tag eine Neuankunft.

Eine Freude, ein Kummer, eine Gemeinheit,
ein kurzes Achtsamsein
kommt als unerwarteter Gast.

Heiße alle willkommen und mach's allen schön!
Auch wenn sie ein Haufen Leiden sind,
die dir brutal die Möbel rausfegen.

Egal. Behandle jeden Gast mit Respekt.
Vielleicht schafft gerade er in dir Platz
für ganz neue Wonnen.

Den dunklen Gedanken, der Scham, der Boshaftigkeit –
öffne allen mit Lachen die Tür
und lade sie ein, deine Gäste zu sein.

Sei dankbar für jeden, der kommt,
denn jeder wurde als Führer von oben geschickt.

RUMI,
Das Gasthaus
(NACH DER ÜBERSETZUNG VON
COLEMAN BARKS/CHRISTOPH ENGEN)

Meditationen im Stehen

Auch im Stehen kann man meditieren. Neben dem Sitzen, Liegen und Gehen ist das Stehen eine der vier klassischen Positionen für die Meditation.

Für die Meditation im Stehen können uns die Bäume wertvolle Anreize liefern, denn sie wissen nun wirklich, wie man es fertigbringt, lange Zeit an einem Ort zu stehen (zumindest im Vergleich zu unserer relativ kurzen Lebensspanne). Und doch schaffen es die Bäume, die ganze Zeit im zeitlosen Jetzt zu sein, wie jung oder alt sie auch sein mögen. Also, manchmal kann es eine Hilfe sein, einfach eine Weile neben dem Lieblingsbaum zu stehen und zu üben, außerhalb der Zeit zu stehen – zu hören, was der Baum hört, das Licht zu erleben, das der Baum erlebt, die Luft zu spüren, die der Baum spürt, auf der Erde zu stehen, auf der der Baum steht, in dem Augenblick zu leben, in dem der Baum wohnt und wohnt und wohnt …

Wie bei allen Meditationsübungen ist es gut, wenn wir den ersten Impuls, aufhören zu wollen, hinter uns lassen und weitermachen, also über unser momentanes Geduldslimit hinaus stehen bleiben, und wenn es nur ein bisschen ist. Es hilft natürlich auch, wenn wir dabei ganz im Körper sind und uns vielleicht vorstellen, wenn nicht sogar spüren, dass unsere Füße im Boden verwurzelt sind und sich der Kopf mit einer gewissen Anmut und

Leichtigkeit in den Himmel hebt (das chinesische Schriftzeichen für „Mensch" ist eine stehende Figur) – denn zwischen Himmel und Erde liegt das Reich, in dem der Mensch sich entfaltet.

So zu stehen, ist der bewusste körperliche Ausdruck dafür, mitten im Leben zu stehen, man könnte auch sagen, buchstäblich einen Standpunkt zu beziehen. Ihre ganze Haltung, Ihre Körpersprache, wie gleichmäßig das Gewicht auf die Füße verteilt ist, wie Sie den Kopf, die Arme und Handflächen halten, ja sogar, wie lange Sie bereit sind, stehen zu bleiben – das alles ist Teil dieser großen Geste der Achtsamkeit im Stehen, und deshalb ist es hilfreich, sich dieser Elemente bewusst zu sein. Natürlich stehen Sie, so gut Sie können, aber hilfreich ist die Intention, sich nach der zentralen vertikalen Achse Ihres Seins auszurichten, mit anderen Worten: würdevoll zu stehen. Solch eine Haltung hilft, den Geist zu klären und zu beruhigen, und lässt ihn weiträumiger sein, weniger verkrampft und überfüllt.

In dieser Haltung lassen wir jetzt eine weite Bewusstheit der Landschaft des Jetzt sich entfalten, einschließlich der einzelnen Sinneslandschaften und der Landschaft des Geistes im gegenwärtigen Augenblick. Dann überlassen wir uns dem bloßen Gegenwärtig-Sein bei dem, was im Moment da ist, und üben wie im Sitzen oder Liegen mit der Art von Thema oder Gerüst, die uns im Augenblick gerade geeignet erscheinen, oder auch ohne jedes Gerüst, indem wir einfach nur in diesem Augenblick hier stehen, sonst nichts, und das Wissen sind, das bereits vorhanden ist. Dies ist unvermeidliche Bewusstheit in stehender Haltung, eine unvermeidliche Bewusstheit, die die Haltung des stehenden Körpers umfasst und einschließt, das Atmen, Hören, Sehen, Berühren, Fühlen, Spüren, Riechen, Schmecken und Wissen selbst. Schön hiergeblieben. Sie sind hier eingepflanzt und stehen still, in den Worten des großen indischen Sufi-Poeten Kabir: „Du stehst fest in dem, was du bist."

Natürlich kann man stehende Meditation überall, nicht nur in der Nähe von Bäumen, und beliebig lange praktizieren. Man kann im Stehen meditieren, während man auf den Aufzug wartet oder Aufzug fährt, während man auf den Bus oder Zug wartet, während man auf einem öffentlichen Platz, auf dem es keine Sitzgelegenheiten gibt, auf jemanden wartet, mit dem man verabredet ist. Sie können jederzeit und überall üben. Dazu ist es nicht nötig, auf irgendjemanden oder irgendetwas zu warten. Man kann um des Stehens willen stehen, ohne zu zappeln, ohne sich viel zu bewegen, einfach ein Mensch, der im Leben steht. Nur stehen. Nur sein. Am Leben sein. Berggipfel, Wälder, Strände, Piers, Terrassen oder einfach ein Winkel in einem Zimmer Ihres Hauses – das sind gute Plätze, um zu üben, wie man steht und Zeuge wird, wie sich die Welt entfaltet.

Wenn es achtsames Stehen sein soll, ist wie immer eine gewisse handfeste Intention und Aufmerksamkeit notwendig, ob sie nun willentlich herbeigeführt wird oder sich mühelos im Augenblick einstellt. Es gibt Gedichte, die von dieser Aufmerksamkeit und ihrem Zusammenhang mit dem Stehen sprechen, ihrer Beziehung zu Bäumen und zur Schönheit des gegenwärtigen Augenblicks, dem man sich ganz öffnet.

*

Steh still. Die Bäume vor dir und die Büsche neben dir
haben sich nicht verirrt. Jeder Ort heißt Hier,
und du musst ihn behandeln wie einen mächtigen Fremden,
musst um Erlaubnis bitten, ihn kennenzulernen und
erkannt zu werden.
Der Wald atmet. Lausche. Er antwortet:
Ich habe diesen Platz um dich herum gemacht,
und wenn du ihn verlässt, kannst du wiederkommen
und sagen: Hier ist es.

Für den Raben gleicht kein Baum dem anderen.
Für den Zaunkönig gleicht kein Ast dem anderen.
Wenn dir entgeht, was ein Baum tut oder ein Busch,
verirrst du dich. Steh still. Der Wald weiß,
wo du bist. Du musst dich von ihm finden lassen.

David Waoner,
Verloren gegangen (Lost)

Mein Leben ist nicht diese steile Stunde,
darin du mich so eilen siehst.
Ich bin ein Baum vor meinem Hintergrunde,
ich bin nur einer meiner vielen Munde
und jener, welcher sich am frühsten schließt.

Ich bin die Ruhe zwischen zweien Tönen,
die sich nur schlecht aneinander gewöhnen:
denn der Ton Tod will sich erhöhn –

Aber im dunklen Intervall versöhnen
sich beide zitternd.
Und das Lied bleibt schön.

Rainer Maria Rilke,
Das Stunden-Buch: *Vom mönchischen Leben*

Meditationen im Gehen

Die Gehmeditation ist eine weitere Tür in den Raum, in den man auch durch Meditation im Sitzen, Liegen oder Stehen gelangt. Der Geist der Übung und die Orientierung sind dieselben, aber das Strukturgerüst ist etwas anders, weil wir uns bewegen. Doch letztlich ist es dieselbe Praxis. Aber – und das ist ein großer Unterschied zum gewöhnlichen Gehen: Sie gehen nirgendwohin! Bei der formellen Gehmeditation geht es nicht darum, zu Fuß irgendwohin zu gelangen. Stattdessen sind Sie voll und ganz bei jedem Schritt, sind voll und ganz da, wo Sie tatsächlich sind. Sie versuchen nicht, irgendwohin zu kommen, nicht einmal zum nächsten Schritt. Es gibt kein anderes Ankommen als das ununterbrochene Ankommen im gegenwärtigen Moment.

Beim Gehen haben wir die Gelegenheit, auf etwas andere Weise im Körper zu sein als beim Sitzen oder Liegen. Wir können unsere Aufmerksamkeit auf die Füße lenken und bei jedem Schritt den Kontakt des Fußes mit dem Boden spüren, als küssten wir die Erde und die Erde küsste uns zurück. Wir haben über dieses Wunder bereits gesprochen, diese vollkommene Gegenseitigkeit im Berühren. Es gibt eine Myriade von Empfindungen, propriozeptive und andere, die wir in das Feld der Bewusstheit aufnehmen können.

Gehen ist ein kontrolliertes Vorwärts-Fallen, ein Prozess, den zu meistern wir lange gebraucht haben und den wir jetzt für dermaßen selbstverständlich halten, dass wir ganz vergessen, wie wundersam und wunderbar er im Grunde ist. Wenn also der Geist abschweift (was er bei der Gehmeditation ebenso tun wird wie bei jeder anderen Meditation), dann registrieren wir auf dieselbe Weise, die wir bereits besprochen haben, wohin er gegangen ist, woran wir im Moment denken, und geleiten ihn dann sanft zurück zu diesem Augenblick, diesem Atemzug und diesem Schritt.

Da wir kein Ziel haben, ist es am besten, wenn es möglichst wenig Ablenkung gibt, zum Beispiel, indem wir einen Gartenweg langsam auf- und abgehen. Dieser Weg muss nicht lang sein; zehn Schritte in der einen Richtung, zehn Schritte wieder zurück, das reicht schon. Wir gehen schließlich nicht auf eine Besichtigungstour. Die Augen sind mit weichem Blick nach vorn gerichtet. Wir brauchen nicht auf die Füße zu schauen; sie wissen auf wunderbare Weise, wo sie sind, und unser Gewahr-Sein kann in ihnen verweilen, Moment für Moment für Moment, und mit jedem Element des Gehzyklus sowie dem gesamten Körper in seinem Gehen und Atmen in Berührung sein.

Man kann Gehmeditation in unterschiedlichem Schritttempo üben, und das gibt ihr viele Anwendungsmöglichkeiten im Alltag. Wir können zum Beispiel durchaus vom achtsamen Gehen zum achtsamen Laufen übergehen, was für sich schon eine wunderbare Praxis ist. Damit verlassen wir natürlich den Bereich des Gartenwegs, wie wir es auch für längere Strecken oder für eine schnelle Gehmeditation tun würden. Wenn wir die formelle Gehmeditation jedoch im Rahmen der MBSR präsentieren, ist das Tempo extrem langsam, um den Impuls zu dämpfen, sich schnell zu bewegen. Das soll auch die Vertrautheit mit den sensorischen Dimensionen des Gehens verfeinern und wie sie mit dem zusammenhängen, was mit dem ganzen Körper beim Gehen und Atmen geschieht (ganz zu schweigen vom besseren Gespür dafür, was im Kopf vor sich geht).

Wir beginnen damit, dass wir an einem Ende des Weges, den wir für die Gehmeditation ausgesucht haben, stehen und unsere Aufmerksamkeit dem Körper als Ganzes zuwenden. Das Feld des Gewahr-Seins kann dabei die gesamte Landschaft des Jetzt umfassen. An einem bestimmten Punkt bemerken wir, wiederum auf wunderbare Weise, einen Impuls im Geist, durch das Heben eines Fußes den Prozess des Gehens einzuleiten. Wir nehmen also das Anheben des Fußes wahr, aber nicht, bevor wir den *Impuls* zum Anheben registriert haben. Das ist so ähnlich wie bei der Rosinen-Meditation, bei der wir die gekaute Rosine erst dann hinunterschlucken, wenn wir vorher den Impuls zum Schlucken wahrgenommen haben.

Indem wir erst eine Ferse anheben, verfolgen wir aufmerksam, wie Fuß und Bein insgesamt angehoben und vorwärts bewegt werden und dann der Fuß aufsetzt, gewöhnlich mit der Ferse zuerst. Während der ganze (nun vorne befindliche) Fuß auf dem Boden aufsetzt, registrieren wir, wie sich das Körpergewicht vom hinteren Fuß zum vorderen verlagert und wie sich dann der hintere Fuß hebt, zuerst die Ferse und dann der ganze Fuß, während das Körpergewicht nun ganz auf dem vorderen Fuß lastet und der Zyklus weiterläuft: bewegen, aufsetzen, verlagern – anheben, bewegen, aufsetzen, verlagern – anheben, bewegen, aufsetzen, verlagern …

Bei jedem Aspekt des Gehens können wir mit dem vollen Spektrum der Empfindungen im Körper, die mit dem Gehen zusammenhängen, in Berührung sein: mit dem Anheben der Ferse des hinteren Fußes, dem Schwung des Beins in der Vorwärtsbewegung, dem Aufsetzen der Ferse auf dem Boden, der Verlagerung des Gewichts auf den vorderen Fuß und mit den nahtlosen Übergängen all dieser Aspekte, der Kontinuität des Gehens, so langsam es auch sein mag. Wir können die verschiedenen Aspekte des Gehzyklus mit der Atmung koordinieren oder einfach nur beobachten, wie der Atem geht, während der Körper geht. Das hängt natürlich in großem Maße davon ab, wie schnell oder langsam Sie gehen. Beim langsamen Gehen machen wir kleine Schritte. Es ist einfach gewöhnliches Gehen, nur eben ziemlich langsam. Nicht nötig, die Bewegungen des Gehens zu übertreiben oder zu stilisieren, auch wenn der Impuls dazu auftaucht. Es geht einfach um ganz gewöhnliches Gehen, nur dass es langsamer ist, achtsam.

Wenn Sie mit einer Koordination von Atmung und Gehzyklus experimentieren wollen, können Sie zum Beispiel Folgendes versuchen: Sie atmen ein, während Sie die Ferse des hinteren Fußes anheben. Dann atmen Sie aus, während Sie innehalten, ohne die Bewegung weiterzuführen. Beim nächsten Einatmen hebt der hintere Fuß ganz ab und schwingt nach vorn. Beim Ausatmen setzt die Ferse des nun vorderen Fußes auf und stellt Kontakt zum Boden her. Beim nächsten Einatmen setzt der vordere Fuß ganz auf den Boden auf, während die Ferse des hinteren Fußes sich hebt und das Gewicht sich auf den vorderen Fuß verlagert. Beim Ausatmen halten wir wiederum inne. Beim nächsten Einatmen führen wir wieder den hinteren Fuß nach vorn, und so machen wir weiter, Moment für Moment, Atemzug für Atemzug, Schritt für Schritt. Wenn sich das für Sie zu gezwungen oder gekünstelt anfühlt oder Ihnen zu schwierig ist, dann können Sie den Atem einfach fließen lassen, wie er will.

Dann sind da noch die Hände. Was machen Sie mit den Händen? Wie wäre es, wenn Sie sie einfach nur wahrnehmen würden? Sie können die Arme gerade herunterhängen lassen, oder Sie können die Hände hinter dem Rücken oder vor dem Körper zusammenlegen, entweder in einer tiefen Position oder in Brusthöhe. Lassen Sie Ihre Hände eine Haltung finden, in der sie in Ruhe, in Frieden sein können, ein Teil des gesamten Körpers und diesem Erlebnis des Gehens.

Vergessen Sie nicht, dass all diese Instruktionen nur ein Gerüst sind und dass es viele verschiedene Möglichkeiten gibt, mit der Gehmeditation zu experimentieren. Letztlich gibt es, wie bei den anderen formellen Praktiken, nicht die eine, „richtige" Art und Weise, und Sie können experimentieren, was sich für Sie beim achtsamen Gehen am besten anfühlt. Die Übung besteht einfach darin, dass Sie gehen – und wissen, dass Sie gehen – und sich dabei des ganzen Spektrums der mit dem Gehen verbundenen Körper-Empfindungen bewusst sind. Es geht mit anderen Worten darum, dass Sie für das Gehen da sind, für jeden einzelnen Schritt, und dass Ihr Geist Ihnen nicht meilenweit vorauseilt.

Wie es im Zen heißt: Wenn du gehst, dann geh einfach. Das ist sehr viel leichter gesagt als getan, genauso wie beim bloßen Sitzen. Denn Sie werden – wie wir alle – feststellen, dass der Geist macht, was er will. Und so kann es passieren, dass der Körper geht, während der Geist mit etwas völlig anderem beschäftigt ist. Die Herausforderung beim achtsamen Gehen besteht darin, Körper und Geist bei dem, was gerade geschieht, im gegenwärtigen Augenblick zusammenzuhalten. Was gerade geschieht, ist, wie in jedem Moment, sehr komplex. Doch beim Gehen versuchen wir, die mit dem Gehen verbundenen Empfindungen im Rampenlicht der Aufmerksamkeit zu halten, und wir führen unsere Aufmerksamkeit immer wieder zu ihnen zurück, wenn der Geist abgeschweift ist. In diesem Sinne unterscheidet sich die Gehmeditation nicht von den anderen Achtsamkeitspraktiken, und das Feld des Gewahr-Seins kann sehr schmal oder sehr weit ausgreifend sein, so wie es Ihnen gefällt: vom bloßen

Registrieren der Empfindungen in den Füßen, Moment für Moment, bis hin zu einer unvermeidlichen Bewusstheit, wie weiträumig die Landschaft des Jetzt ist, während Sie darin gehen.

Wir sind noch nicht zu den formalen Anweisungen dafür gekommen, aber Sie können, um das einmal kurz vorwegzunehmen, beim Gehen sogar liebevolle Güte praktizieren. Wir können uns bei jedem Schritt einen Menschen vorstellen, den wir in den Raum unserer liebevollen Güte aufnehmen wollen. Wir können uns bei jedem einzelnen Schritt immer wieder denselben Menschen vorstellen. Oder Sie können sich eine Gruppe von Menschen vorstellen, einen für jeden Schritt, und mit der Abfolge der Schritte diese Sequenz dann wiederholen: Möge dieser Mensch glücklich sein, möge jener Mensch glücklich sein. Möge dieser Mensch frei sein von Leid, möge jener Mensch frei sein von Leid. Wenn Sie das entsprechende Kapitel gelesen haben, wird Ihnen die Sache klar sein. Diese Übung funktioniert am besten, wenn Sie langsam und achtsam gehen und dabei ganz im Körper sind.

Suchst du die Wahrheit außerhalb deiner selbst,
so entfernt sie sich von dir.
Heute, da ich alleine gehe,
treffe ich ihn bei jedem Schritt.
Er ist wie ich,
und doch bin ich nicht er.
Nur wenn du es auf diese Weise verstehst,
wirst du eins mit dem Wesen der Dinge.

Dongshan Liangjie
(807 – 869 n. Chr.)

Yoga

Dies ist nicht der geeignete Rahmen für eine ausführliche Darstellung der Yoga-Praxis. Begnügen wir uns mit der Feststellung, dass Yoga eines der großen Geschenke an die Menschheit ist, und dass es außerordentlich inspirierend, verjüngend, belebend, erhellend, ekstatisch oder schlichtweg entspannend sein kann, sich seiner zu bedienen und durch Yoga-*Āsanas* und die fließende Abfolge bestimmter Yoga-Stellungen Achtsamkeit in Körper und Geist zu bringen. Man kann sich Yoga als eine radikale Rundum-Behandlung für das Muskel-Skelett-System vorstellen, die auf natürliche Weise, wenn Sie es praktizieren, zu mehr Kraft, Balance und Flexibilität führt. Es ist auch per se, insbesondere wenn es achtsam geübt wird, eine tiefgründige Meditationspraxis, die, während sie körperliche Stärke, Balance und Flexibilität entwickelt, dasselbe auch auf geistiger Ebene tut. Es ist außerdem eine wunderbare Tür in die Stille, zur reichen Komplexität des Körpers und seiner Selbstheilungskräfte, und wie alle anderen meditativen Übungen die perfekte Plattform für unvermeidliches Gewahrsein. Viele Patientinnen unserer Stress Reduction Clinic finden Yoga eine angenehme und wirksame Form des Achtsamkeitstrainings.

Auch wenn dies nicht der Ort ist, um ins Detail zu gehen, mag es doch unser Interesse anregen und unser Verständnis vertiefen, wenn wir darauf hinweisen, dass das Sitzen eine Yoga-Stellung ist (es gibt im Yoga sogar sehr viele Positionen für das Sitzen), dass das Stehen eine Yoga-Stellung ist (genannt „der Berg“) und dass das Liegen, wie wir bereits gesehen haben, ebenfalls eine Yoga-Stellung ist (die „Totenstellung“). So ist im Grunde praktisch jede weitere Position, die der Körper erzeugen kann, eine Yoga-Stellung, vor allem wenn man sie mit Achtsamkeit einnimmt. Es soll im Hatha-Yoga mehr als 84 000 Grundstellungen geben, wobei es für jede wiederum mindestens zehn Varianten gibt. So kommt man auf 840 000 Yoga-Stellungen, was bedeutet, dass es praktisch unendlich viele Möglichkeiten gibt, sie zu kombinieren und zusammenzustellen. Es ist also jede Menge Raum zum Ausprobieren und für Neuerungen vorhanden. Mehr noch: Ein zentraler Teil der Yoga-Praxis ist das achtsame Atmen. Wie wir atmen, während wir in eine Yoga-Stellung gehen und sie halten, die Qualität und Tiefe des Atems in bestimmten Körperpositionen und, was besonders wichtig ist, die Qualität unserer Bewusstheit für den Atem im Körper und dafür, was Moment für Moment in den Sinneskanälen und im Geist vor sich geht: das ist von zentraler und entscheidender Bedeutung bei der achtsamen Yoga-Praxis.

Die Stellungen an sich sind im Yoga von sekundärer Bedeutung, verglichen mit der inneren Einstellung, mit der wir üben: geistige Präsenz und Offenheit des Herzens. Aus den 84 000 Stellungen bildet eine relativ kleine Auswahl die grundlegenden Übungen und Sequenzen, und diese kann man heute von vielen ausgezeichneten Yoga-Lehrerinnen aus den verschiedensten Traditionen lernen. In den vielen Yoga-Schulen, Seminaren und Retreat-Zentren dieser Traditionen kann man auch regelmäßig zusammen mit anderen praktizieren. Die enorme Verbreitung, die Yoga im Westen gefunden hat, ist ein Zeichen für die große Sehnsucht und Suche nach einem umfassenderen Gewahrsein von Geist und Körper und bei

Millionen von Menschen, jung und alt, für ein gestiegenes Interesse an Gesundheit und echtem Wohlbefinden über die ganze Lebensspanne hinweg. Dasselbe gilt für Tai-Chi und Qigong.

Achtsames Hatha-Yoga war von Anfang an ein integraler Bestandteil der Stressbewältigung durch Achtsamkeit. Es ist auch ein wichtiger Bestandteil des „Heart Healthy Lifestyle Program" („Lebensführung für ein gesundes Herz") von Dr. Dean Ornish und des „Commonweal Cancer Help Program" („Gemeinwohl-Krebshilfe-Programm"), das von Rachel Remen und Michael Lerner entwickelt wurde. Man kann achtsames Yoga äußerst sanft und langsam üben, sodass praktisch jedermann in irgendeiner Form einen Zugang dazu findet, auch Menschen, die unter chronischen Schmerzen oder alten Verletzungen leiden oder sich seit Jahrzehnten kaum bewegt haben. Man kann Yoga sogar im Bett oder im Rollstuhl üben. Man kann es auch als eine Art Aerobic betreiben. Es gibt sehr viele verschiedene Schulen des Yoga, die es – je nach ihrer Traditionslinie – auf unterschiedliche Weise lehren. Aber im Wesentlichen ist Yoga etwas Universales, und die Stellungen sind eine Widerspiegelung der außerordentlich hohen Fähigkeit des Körpers zu Bewegung, Balance und Stille.

Wenn Patienten wegen einer Behinderung oder chronischer Schmerzen eine Position nicht einnehmen können, ermutigen wir sie, sich in dieser Position zu visualisieren. Auch das kann eine Wirkung haben. Vielleicht werden das Nervensystem und die Muskulatur auf diese Weise darauf vorbereitet, die Übungen künftig ausführen zu können, wenn die Entzündung in bestimmten Regionen nachgelassen hat, und außerdem werden schon dadurch, dass man sich nur vorstellt, die Übungen auszuführen, Konzentration, Selbstvertrauen und innere Ausrichtung gestärkt. Wenn man sich für den Anfang ganz sanft auf einige Stellungen einlässt, so gut es der körperliche Zustand erlaubt, mit den Körperteilen, die es zulassen, so wird dadurch schon ein Prozess eingeleitet, der einer

Atrophie infolge von Minderbeanspruchung entgegenwirkt, der die Gesundung beschleunigt und verschiedene Körperregionen wieder beweglicher macht. Mit der Zeit kann dies zu einer größeren Beweglichkeit vieler Gelenke sowie zu einer zunehmenden Bewegungsfreiheit des Körpers und mehr Kraft und Balance führen.

So wie es wichtig ist, formelle Meditation im Sitzen oder im Liegen regelmäßig zu üben, so wichtig ist es auch, durch regelmäßige, ja tägliche Yoga-Praxis der beschriebenen Art mit dem Körper zu arbeiten. Es gibt kaum etwas Schöneres, als den Körper auf den Boden zu bringen und sanft und regelmäßig und vor allem achtsam damit zu arbeiten, indem man die verschiedenen Yoga-Stellungen und ihre Abfolgen benutzt, um sich wieder mit vollem Gewahr-Sein im eigenen Körper einzufinden und seine sich ständig verändernden Grenzen, Einschränkungen und Fähigkeiten im gegenwärtigen Augenblick zu erforschen. Sie werden erleben, wie Ihr Körper und Ihr Geist sich im Verlauf der Wochen, Monate und Jahre auf bemerkenswerte Weise verändern, ganz gleich, wie alt Sie sind und wie Ihr körperlicher Zustand war, bevor Sie mit dem Yoga begonnen haben. Das Geheimnis ist, dass Sie sanft vorgehen und nie Ihre Grenzen überschreiten. Auf diese Weise verringern Sie die Wahrscheinlichkeit, Muskeln, Bänder und Gelenke zu überdehnen oder zu überanstrengen, und geben dem Körper die schönste Gelegenheit, in sich selbst hineinzuwachsen – und im Normalfall ziemlich weit über seine scheinbaren Grenzen hinauszuwachsen. Auch hier gibt es kein Ende für die Übung, und selbst die kleinsten Anstrengungen sind schon nützlich und wichtig. Und wie immer heißt es: „Hier spielt die Musik“, das Ankommen und Sich-Aneignen geschieht immer im Hier und Jetzt. Der Weg ist auch weiterhin das Ziel, selbst wenn Sie sich immer höhere Ziele setzen, um sich zu motivieren und Ihre Energien zu mobilisieren. Gleichzeitig gibt es keinen Weg und kein Ziel. Nur diesen Moment.

Wenn Sie auf diese Weise auf den Körper achtgeben, dann wird er Sie schließlich lehren, was Sie wissen müssen, um sein Wohlbefinden von Moment zu Moment am besten sicherzustellen. Er ist fühlbar, verstehbar in genau diesem Augenblick, wenn wir uns ohne Erwartungen in das Erleben fallen lassen. Wenn der Körper mit der Zeit stärker und gesünder wird: umso besser. Außerdem ist es sehr wahrscheinlich, dass der Yoga nicht nur Ihre Praxis im Sitzen ergänzen, verfeinern und vertiefen wird, sondern, und das ist das Wichtigste, auch die Entwicklung lebendiger Achtsamkeit im täglichen Leben – letztlich die entscheidende und wirkliche Meditations- und Yoga-Praxis überhaupt, wenn alles gesagt ist.

Durch das Üben von achtsamem Yoga können wir unseren Sinn dafür ausweiten und vertiefen, im Körper zu Hause zu sein und ein differenzierteres und nuancierteres Gefühl für den lebendigen Körper im lebendigen Moment zu erlangen. Tatsächlich ist die eigentliche Bedeutung des Wortes „Rehabilitation" ja, dass man lernt, wieder im Körper zu wohnen (siehe zum Beispiel das französische *habiter* – „wohnen"). Die indoeuropäische Wurzel ist *ghabe*, was „geben" und „empfangen" bedeutet.

Aber was um alles in der Welt hat denn nun Geben und Empfangen mit dem Wohnen im Körper zu tun? Nun, wenn wir in eine neue Wohnung oder ein neues Haus einziehen, geben wir uns dann nicht in gewissem Sinne diesem neuen Raum, seinen Besonderheiten und Eigenschaften hin? Der Lage der einzelnen Räume, den Fließmustern, wenn wir uns durch diese Räume bewegen, dem Lichteinfall in die verschiedenen Zimmer zu verschiedenen Tageszeiten, der Position der Türen und Fenster und der Art und Weise, wie die Energie in dieser Umgebung fließt? Und gibt uns der Raum, wenn wir dafür empfänglich sind, mit der Zeit nicht seinerseits ein Gefühl dafür zurück, was wo hingehört, wie wir ihn am besten bewohnen können und welche Renovierungen seine Nützlichkeit für uns erhöhen würden? Wir können das alles nicht wissen, wenn wir an dem Tag, an dem wir die Wohnung das erste Mal sehen oder an dem wir einziehen, vorschnelle Schlüsse ziehen. Wir müssen zulassen, dass der Raum sich uns langsam offenbart, und das ist nur möglich, wenn wir bereit sind, ihn zu „empfangen". Diese Art der Sensibilität ist eine Form von Weisheit. In China wurde sie *Feng Shui* genannt und zu einer eigenen Kunst und Wissenschaft entwickelt.

Mit dem Körper ist es ähnlich. Wenn er der Rehabilitation bedarf, besonders nach einer Erkrankung oder Verletzung, oder wenn er unter einer chronischen Krankheit oder chronischen Schmerzen leidet, oder auch einfach, wenn wir ihn längere Zeit vernachlässigt haben, dann überlassen wir uns dem gesamten Feld des Körpers, der Körperlandschaft, wie wir sie vorfinden. Wir tun dies weitestgehend dadurch, dass wir ihn Moment für Moment fühlen, ihn spüren, ihn durch den Geist und durch achtsame, sanfte Bewegung erkunden. Auf diese Weise gibt der Körper, wenn wir aufmerksam genug sind, etwas zurück; er informiert uns und lässt uns wissen, was in diesem Moment seine Grenzen und seine Bedürfnisse sind. Die Gegenseitigkeit der Beziehung zwischen dem gefühlten Körper und unserem lebendigen Körper-Erleben ermöglicht es uns, von Tag zu Tag, von Moment zu Moment zu lernen, wie wir wieder in ihm zu Hause sein können. Wessen Körper und wessen Leben brauchen nicht, ja, sehnen sich nicht sogar von Zeit zu Zeit, nach einer solchen Wiederherstellung, einer solchen Rehabilitation? Und müssen wir erst warten, bis wir krank oder verletzt sind, bevor wir damit anfangen?

Das Ausmaß, in dem der Körper uns antwortet, ist unbekannt und immer ungewiss; wir können uns nie ganz sicher sein und dürfen nichts für selbstverständlich halten. Aber er liebt den Prozess. Er liebt die Fürsorge und die achtsame Aufmerksamkeit. Und … er reagiert auf Arten, die manchmal nur schwer vorstellbar sind – und manchmal ganz und gar unglaublich.

Im Band „Das heilende Potenzial der Achtsamkeit" werden wir mit dem Fall des (verstorbenen) Schauspielers Christopher Reeve einem extremen – und extrem bemerkenswerten – Beispiel für den Prozess einer tiefgreifenden Rehabilitation begegnen. Reeve war von einem Pferd abgeworfen worden und danach vom Hals abwärts querschnittsgelähmt. Die Prinzipien der Heilung und Wiedergewinnung von Funktionalität, die der Praxis zugrunde liegen, sind jedoch immer dieselben und gelten für jede, die achtsam Yoga übt oder Achtsamkeit in die Arbeit mit dem Körper einbringen will. Das gilt insbesondere auch für alle Teilnehmerinnen und Teilnehmer an MBSR-Programmen, für die achtsames Yoga einen Teil der eigenen Rehabilitation und Heilung darstellt und die, jede für sich, in jedem Augenblick auf ihrer eigenen Ebene arbeiten.

Die Rehabilitation des Körpers – im Sinne eines vollen Im-Körper-Wohnens und des Kultivierens einer Vertrautheit mit ihm, in welchem Zustand er auch sein mag – ist eine universale Eigenschaft der Achtsamkeits-Schulung im Allgemeinen und des achtsamen Yoga im Besonderen. Und da es letztlich wenig sinnvoll ist, Körper und Geist separat zu behandeln, sprechen wir natürlich zwangsläufig von der Rehabilitation unseres gesamten Seins und der Wiederentdeckung unserer angeborenen Ganzheit, Moment um Moment, Schritt für Schritt, Atemzug für Atemzug, wie immer da beginnend, wo wir gerade sind.

Einfach wissen

Wie wir gesehen haben, können wir, wenn wir wollen, bei jeder Form der formellen Achtsamkeitsmeditation – im Liegen, Sitzen, Stehen, sogar beim Gehen oder beim Yoga – gezielt und ganz spezifisch den Denkprozess ins Zentrum unseres Gewahrseinsfeldes rücken. Wir können unsere Gedanken beobachten, wie sie als einzelne Ereignisse wie Wolken am Himmel entstehen und vergehen.

Das kann ein herrliches Spektakel sein, jedenfalls so lange, bis der „Beobachter"-Aspekt, der im unvermeidlichen Gerüst der Anleitung zu dieser Methode enthalten ist, eines Tages von allein wegfällt. Wenn Sie nur den reinen Prozess des Denkens per se beobachten, wird Ihnen deutlich, wie solche winzigen und kurzlebigen psychischen „Ereignisse", die keinerlei substanzielle Existenz besitzen und oft komplett illusorisch oder hochgradig unzutreffend und irrelevant sind, doch enorme Auswirkungen haben können. Man beginnt zu sehen, wie dramatisch sie sich auf den Zustand unseres Geistes und Körpers auswirken können – wenn wir zum Beispiel richtig wütend werden –, wie sie unsere Entscheidungen beeinflussen können (mit potenziell katastrophalen Konsequenzen für uns und andere im weiteren Verlauf der Dinge), und wie sie uns daran hindern, die Situation, wie sie in einem gegebenen Moment tatsächlich ist, zu sehen und in ihr präsent zu sein. Die Übung, Ihre Gedanken von Moment zu Moment zu beobachten, kann überaus aufschlussreich und befreiend sein, vor allem, wenn Sie sie nicht als „Ihre Gedanken" betrachten. Sie kann eine auch ganz schön demütig machen, weil wir uns meistens schnell und total im Gedankenstrom verlieren.

Eine Methode, Achtsamkeit auf das Denken zu üben, egal in welcher Haltung: Sie überlassen sich einfach dem Beobachten und Spüren der jeweils aufsteigenden Gedanken, als wären es Luftblasen, die vom Boden eines kochenden Wasserkessels aufsteigen, oder als wären sie das Gurgeln eines Bergbachs, der in seinem Bett über und um Felsbrocken plätschert.

Ein anderes Bild, das Ihnen helfen kann, diese Praxis zu vertiefen: Sie stellen sich das Gedanken-Beobachten so vor, als würden Sie den Ton an Ihrem Fernseher abstellen und nur anschauen, was auf dem Bildschirm abläuft – natürlich ohne Untertitel. Der Inhalt des Programms verliert sofort viel von seiner Macht, und Sie sehen alles ganz anders, weil der Inhalt, die Kommentare, die Dramatik Sie nicht mehr so anziehen, so betäuben und mit Haut und Haar verschlingen. Die Chance ist einfach größer, dass Sie Ihre Gedanken als Ereignisse im Feld des Gewahrseins sehen können, wie Wolken am Himmel, wie Geschriebenes auf einer Wasserfläche – und letztlich, dass es zu reinem Sehen, reinem Wissen kommen kann.

Wie wir schon mehrfach angemerkt haben, scheinen Gedanken wie auf einem Faden oder einer Kette aufgereiht oder wie Autos auf einer belebten Straße daherzukommen. Ein Gedanke erzeugt den nächsten, manchmal in offensichtlichem Zusammenhang, manchmal auf bizarre Weise zufällig und zusammenhanglos. Manchmal ist der Strom der Gedanken ein bloßes Rinnsal, dann wieder ist er ein brüllender Sturzbach, ein tosender Wasserfall. Die Herausforderung ist immer dieselbe: die einzelnen Gedanken als *Gedanken* zu sehen und sich nicht von ihrem Inhalt oder ihrer emotionalen Ladung einfangen zu lassen, auch wenn wir all das durchaus wahrnehmen. Auf diese Weise können Gedanken als bloße Vorfälle, isolierte Ereignisse im Feld der Bewusstheit gesehen und erkannt werden. Wir können sie als Gedanken erkennen, wenn sie auftauchen, während sie verweilen und wenn sie verblassen – und im Allgemeinen in den nächsten Gedanken eines endlosen Flusses übergehen. Eine andere Herausforderung, mit der wir spielen können, besteht darin, die Zwischenräume zwischen den Gedanken zu sehen oder zu fühlen und die Bewusstheit in ihnen und darin, wie sie die Gedankenereignisse umfängt, ruhen zu lassen.

Auf diese Weise richten wir unseren Wohnsitz ganz gezielt in der Bewusstheit selber ein. Wir verweilen im Gewahr-Sein, im Feld eines nicht-begrifflichen Wissens, das wie ein Spiegel jede Störung in sich selbst unmittelbar wahrnimmt, jedes Auftauchen eines sich bildenden Gedankens, eines Tröpfchens, einer Absonderung, eines Wirbels, das Keimen einer Idee, einer Meinung, eines Urteils, einer Blase, einer Sehnsucht, die aus dem Fluss auftaucht, aus dem Sturzbach. Der Gedanke wird direkt und unmittelbar gesehen und erkannt. Seine emotionale Ladung wird gesehen und erkannt.

Und das ist alles. Wir unternehmen nichts, um den Gedanken zu verfolgen oder zu unterdrücken, um ihn festzuhalten oder zurückzuweisen. Er wird einfach gesehen und verstanden, erkannt, wenn Sie so wollen, und dadurch gewissermaßen vom Bewusst-Sein selbst „berührt", durch eine augenblickliche Registrierung als Gedanke. Und indem er auf diese Weise berührt, erkannt, gesehen wird, macht der Gedanke „plopp" wie eine Seifenblase, die man mit dem Finger berührt. Er vergeht augenblicklich, löst sich auf, verschwindet. Wie bereits angemerkt, könnten wir mit den Tibetern sagen, dass der Gedanke sich in dem Augenblick, in dem er erkannt wird, selbst befreit. Er taucht einfach in der weiten Offenheit des Bewusstseinsfeldes auf und vergeht wieder, ohne unser Zutun, ohne unsere Absicht, so wie die Wellen des Ozeans sich für einen Moment auftürmen, dann in den Ozean zurückfallen und dadurch ihre Identität, ihre momentane relative Eigenheit wieder verlieren und zu ihrer undifferenzierten Wasser-Natur zurückkehren. Wir haben nichts getan, nur eben davon Abstand genommen, dem Gedanken irgendwie Nahrung zuzuführen, was nur bewirken würde, dass er sich zu weiteren Gedanken auswächst, weiteren Wellen, weiteren Blasen.

In der Folge werden wir immer vertrauter damit, dass Gedanken Gedanken sind, momentane geistige Ereignisse und nicht die reine Wahrheit. Wir beginnen, unsere Erzählungen als Erzählungen zu sehen, als Konstrukte, Fabriziertes, nicht unbedingt wahr (oder jedenfalls nicht wahr genug). Wir beginnen zu verstehen, dass wir, aus reinem Dasein heraus, aus reinem Nichttun und Nichtreagieren heraus, in unserem Dasein ruhen können, ohne so oft Gedanken und Gefühlen in die Falle zu gehen. Was wir sagen und tun, ja sogar die Art und Weise, wie wir im Körper da sind, und unser Gesichtsausdruck: All das ist nicht mehr so eng an unsere Gedanken gekoppelt. Da wir von Moment zu Moment immer klarer sehen, können wir immer mehr von den unklugen, reaktiven, selbstsüchtigen, aggressiven oder ängstlichen Impulsen loslassen, während sie dadurch, dass sie erkannt werden, gleichzeitig von uns ablassen und folgenlos durch uns hindurchziehen. Es gibt hier also ein wechselseitiges Freilassen, wenn wir sehen und erkennen, dass unsere Gedanken einfach nur Gedanken sind, nicht die Wirklichkeit der Dinge – und ganz gewiss kein akkurates Abbild dessen, was wir sind. Wenn sie gesehen und erkannt werden, dann können sie gar nicht anders, als sich „selbst zu befreien“, und im gleichen Moment sind wir von ihnen befreit.

Im alltäglichen Leben ist es – wie in der formellen Meditationspraxis auch – gut zu wissen, dass wir nicht unsere Gedanken sind (auch nicht unsere Ideen, Ansichten und felsenfesten Überzeugungen), und dass Gedanken nicht unbedingt zutreffend sein müssen. Oder dass sie zumindest nur teilweise zutreffend sind. Und oft sowieso überhaupt nichts taugen. Aber wenn wir sie gar nicht als Gedanken erkennen, wenn uns der Strom der Gedanken an sich mit seinen Blasen, Strömungen und Strudeln gar nicht bewusst ist – dann gibt es keinen Weg mehr, uns von der unglaublich mächtigen und hartnäckigen Anmaßung zu befreien, mit der sie uns im Griff haben.

Bloßes Hören

Wie wir schon mehrfach festgestellt haben, dringen unaufhörlich Klänge und Geräusche – und die Zwischenräume dazwischen – an unser Ohr. Wenn wir also irgendwo sitzen oder liegen, um zu meditieren, wenn wir uns gerade in diesem Moment auf irgendeine Form der Praxis einlassen und dafür offen sind, können wir uns gezielt dem Hören widmen … einfach hören, was es in diesem Moment zu hören gibt, nichts weiter. Ich möchte Sie einladen, damit ein wenig zu spielen, jetzt gleich.

Hören, was es zu hören gibt: das heißt, dass wir nichts tun müssen. Die Geräusche kommen bereits, sie kommen immer. Unsere Herausforderung ist: Können wir sie hören? Bringen wir es fertig, Moment für Moment bei ihnen zu sein, den Geräuschen (und den Pausen zwischen ihnen) mit Gewahrsein zu begegnen, so wie wir es mit den Gedanken und Zwischenräumen zwischen ihnen getan haben – ohne Zuneigung oder Abneigung, ohne etwas zu bevorzugen oder zurückzuweisen, ohne zu bewerten oder zu beurteilen, zu katalogisieren oder zu schwelgen? Natürlich kann man das ganz bewusst mit Musik tun, was an sich schon eine bereichernde, wunderbare Übung ist. Aber nun ist die Herausforderung die, mit sämtlichen auftauchenden Geräuschen auf diese Weise zu üben, und die sind oft nicht so angenehm, es sei denn, Sie befinden sich draußen in taufrischer Natur. Bei dieser Übung spielt das jedoch keine Rolle, denn wir üben ja, von „angenehm“ oder „unangenehm“ nicht abhängig zu sein. Wir üben bloßes Hören. Wir könnten es auch „beim Hören sein“ nennen. Schauen Sie, ob Sie fähig sind, im reinen Wahrnehmen des Hörens zu sein. Natürlich können in jedem Augenblick durch das, was Sie hören, Gedanken ausgelöst werden und Gefühle, die diese Gedanken begleiten – ein ganzes Spektrum von Gefühlen unterschiedlicher Stärke mit positiver oder negativer Ladung, je nachdem, was die Klänge hervorrufen: vielleicht Erinnerungen, vielleicht Fantasien, vielleicht auch gar nichts. In jedem Fall immer wieder, falls nötig – und es wird nötig sein – das, was nicht Klang ist, in die Kulissen schicken und nur das reine Hören im Rampenlicht des Bewusstseinsfeldes stehen lassen – so lange, bis es vielleicht gar keine Rampe, keinen Hintergrund und keine Kulissen mehr gibt. Und vielleicht gibt es dann auch kein „Ich“ mehr, das zuhören „muss“, und nichts mehr, dem man zuzuhören oder zu lauschen hat. Stattdessen ist da bloßes Hören, vor und hinter allem anderen, einfach nur die nackte Erfahrung des Hörens und das nicht-begriffliche Wahrnehmen des Hörens (das die Achtsamkeit ja bereits liefert).

Sie geben sich also auf diese Weise dem Hören hin und sind nun eingeladen, Moment für Moment im bloßen Erleben des Hörens zu ruhen und immer wieder dorthin zurückzukommen, wenn Sie merken, dass Sie von irgendeiner Aktivität „hinter den Kulissen“ abgelenkt worden sind und Sie das schließlich bemerkt haben. Denn sobald Sie abgelenkt werden, ist das Denken da, und dann müssen Sie sich neu fokussieren, dann brauchen Sie ein kleines methodisches Gerüst, um Ihre Aufmerksamkeit neu auszurichten, neu zu positionieren. Plötzlich gibt es wieder ein „Ich“ und eine Bühne – und natürlich auch die Möglichkeit, zum reinen und schlichten Hören zurückzukehren. In solchen Momenten formulieren Sie die Absicht, aufmerksam zu sein und die Aufmerksamkeit aufrechtzuerhalten, neu: sich wieder und wieder, Mal um Mal dem Hören hinzugeben, das ja sowieso geschieht, ohne dass Sie irgendetwas tun oder sich anstrengen müssten. Mehr noch: Eigentlich können Sie sich in solchen Momenten ganz und gar loslassen und sich wieder den Klängen und den Zwischenräumen zwischen den Klängen hingeben sowie der Stille, die in allen Klängen und hinter allen Klängen vorhanden ist. Wir lassen Klang und Bewusstsein deckungsgleich sein, sodass jeder Klang oder jeder Moment der Stille unmittelbar angenommen wird, unmittelbar erkannt wird, ohne Denken: als das, was sie sind. Denn das ist es, was die Essenz des Geistes (was wir „ursprünglichen Geist" genannt haben) tut: Sie weiß auf nichtbegriffliche Weise. Sie weiß schon Bescheid, ohne Denken, bevor Denken überhaupt aufkommt.

Im Hören verweilen, zum Hören werden, mit dem Hören verschmelzen, bis es – und anfangs mögen das nur ganz kurze Momente sein – keinen Hörenden und nichts Gehörtes mehr gibt, nur Hören, Hören, Hören … ein reines Gewahr-Sein ohne Zentrum oder Peripherie, ohne Subjekt oder Objekt, zu dem wir immer wieder Zugang finden, das wir stets berühren können und das sich zunehmend selber trägt, je tiefer wir mit dieser Übung vertraut werden.

Bloßes Atmen

So wie ohne Unterlass Geräusche an unser Ohr dringen, so hört auch der Atem, solange wir leben, niemals auf zu kommen und zu gehen. In jedem Augenblick des Jetzt sind wir irgendwo im Kreislauf von Einatmen und Ausatmen und den kurzen Pausen dazwischen. Wenn wir also im Sitzen oder Liegen, im Stehen oder Gehen oder beim Yoga praktizieren, ist die Einladung die, dass wir uns den Empfindungen im ganzen Körper überlassen, die mit dem Atmen verbunden sind; Empfindungen, die wir selten erkennen oder beachten oder ernst nehmen, es sei denn, wir bekommen gerade keine Luft oder ertrinken oder haben eine schwere Erkältung. So selbstverständlich ist das Atmen für uns – und so sehr blenden wir es aus!

Wenn wir nun die Achtsamkeit auf den Atem kultivieren, stimmen wir uns bewusst auf die Empfindungen beim Atmen ein. Wir tun das behutsam mit einer ganz leichten Berührung; wir lassen unsere Aufmerksamkeit sich dem Atem so nähern, als hätten wir auf einer Waldlichtung ein scheues Tier entdeckt, das sich auf einem Baumstumpf sonnt – mit Sanftheit und Interesse, nicht verstohlen, sondern staunend.

Oder um ein anderes Bild zu benutzen: Wir lassen unsere Aufmerksamkeit so sanft auf den Atem niedersinken, wie ein Blatt auf einen Teich hinuntersegelt und dann auf dem Wasser schwimmt, sozusagen auf den Wellen des Atems schaukelnd, die durch den Körper laufen und ihn wieder verlassen. Schauen, ob man mit der vollen Dauer jedes Atemzugs, der in den Körper einströmt, in Berührung sein kann, mit der vollen Dauer jedes Atemzugs, der aus dem Körper ausströmt, in Berührung sein kann und mit den Atempausen oben und unten, am Wellenberg und im Wellental, am Apogäum und am Perigäum jedes einzelnen vollständigen Atemschwungs.

Es ist nicht so sehr ein *Denken* an den Atem oder die Atemempfindungen, Sie fühlen den Atem vielmehr, so lebhaft und intim vertraut wie möglich, während Sie auf seinen Wellen reiten wie ein Blatt auf einem Teich oder als würden Sie auf einem Gummiboot auf den sanft plätschernden Wellen des Meeres oder eines Sees dahingleiten. Auf diese Weise geben Sie sich völlig den Atemempfindungen hin, Moment für Moment für Moment.

Vertraue nur.
Segeln Blätter nicht herab
einfach so?

Wenn Sie sich auf diese Weise dem Atem hingeben, wenn Sie Ihre Aufmerksamkeit darauf ausrichten und sie aufrechterhalten, dann lassen Sie die Möglichkeit zu, dass die Empfindung eines Beobachters, der den Atem beobachtet, sich in bloßes Atmen auflöst. Subjekt („Ich") und Objekt (der Atem oder auch „mein Atem") lösen sich auf in bloßes Atmen, schlicht und einfach, und in ein Gewahrsein, das kein „Ich" als Wissenden braucht, das bereits um den Atem und seine Entfaltung weiß, jenseits des Denkens, hinter dem Denken, vor allem Denken, wie wir das schon beim Hören erlebt haben. Wenn Sie da sitzen und atmen, ist da nur dieser Moment, nur dieser Atemzug, nur dieses nichtbegriffliche

Wissen. Der ganze Körper atmet, die Haut, die Knochen, alles, innen und außen; er wird genauso sehr „ge-atmet“, wie er atmet – jenseits aller Vorstellungen, die wir vom Atem haben könnten. Indem wir hier verweilen, sind wir das Atmen, sind wir das Wissen, von Moment zu Moment, wenn es noch Momente gibt, von Atemzug zu Atemzug zu Atemzug, wenn es noch Atemzüge gibt; … wir schmecken den Atem, riechen den Atem, trinken den Atem, lassen zu, dass wir geatmet werden, dass wir von der Luft berührt werden, gestreichelt werden, verschmelzen mit der Luft in der Lunge, auf der Haut, überall Luft, überall im Körper der Atem, überall das Wissen, und genauso nirgendwo. Und natürlich kommen wir, wie bei allen anderen Übungen, immer wieder zum bewussten Atmen zurück, wenn der Geist ins Denken abschweift, in Erinnerungen oder Erwartungen, in alle möglichen Geschichten, auch Geschichten darüber, wie wir meditieren und völlig eins werden mit dem Atem oder dass es kein „Ich“ mehr gibt.

Und obwohl es natürlich ist zu sagen, „ich atme“ oder „mein Atem“, sollte man sinnvollerweise nicht vergessen: Die tatsächliche Sachlage ist die, dass wir schon lange tot wären, wenn wir selber dafür zu sorgen hätten, dass der Atem in Gang bleibt. Wir sind viel zu unzuverlässig und zu leicht abzulenken, um Verantwortung für den Atemprozess tragen zu können. Wir verstricken uns in einen Gedanken oder bekommen eine Nachricht oder eine E-Mail und vergessen, den Atem am Laufen zu halten und … upps, sind wir tot. Also: Wofür Sie sich auch immer halten, Ihre ureigenste Biologie duldet kein „Ich“ in der Nähe der Hirnstamm-Schaltkreise, des *Nervus phrenicus* und des Zwerchfells, die Sie gemeinsam am Atmen halten, sogar im Schlaf. Es wäre viel präziser, zu sagen: „Ich werde geatmet“, statt zu behaupten „Ich atme“. Es wäre weniger egozentrisch. Sich auf diese Weise zu orientieren, erinnert auch an das Geschenk und das Mysterium hinter dem, was wir zu sein meinen, und erinnert daran, dass wir viel größer sind als die Erzählungen, die wir über unsere Erlebnisse und darüber, wer und was wir sind, hervorbringen.

Die Meditation der liebevollen Güte

Lange Zeit hatte ich gemischte Gefühle bezüglich der Idee, die Meditation über liebevolle Güte als eigene Praxis in den MBSR-Kursplan aufzunehmen (obwohl sie irgendwie drin war). Das hatte mehrere Gründe. Zum einen hatte ich das Gefühl, dass alle Meditationsübungen, wenn sie als radikale Akte der Vernunft und der Liebe begriffen werden, eben auch Akte der liebevollen Güte sind. Schließlich ist es ja an sich schon eine Geste großer Gastfreundlichkeit und Güte gegenüber sich selbst, wenn Achtsamkeit vor allem als wohlwollende, offenherzige Aufmerksamkeit betont wird, die alle Gäste der Herberge willkommen heißt und umsorgt. Zum zweiten: Der Hinweis, dass es ein radikaler Akt der Liebe ist, wenn jemand einfach sitzend bei sich selbst ist, erfasst das Wesen liebevoller Güte völlig und außerdem den Geist einer grundsätzlichen Ethik und Intention der Praxis, als Allererstes keinen Schaden anzurichten. Und schließlich hat die gesamte Kultur der MBSR immer versucht, sich in einer gelebten liebevollen Güte und einer Wertschätzung für hippokratische Prinzipien zu verankern. Deshalb hielt ich es für überflüssig, dazu eigens etwas zu sagen. Lieber in allen Aspekten unserer Arbeit mit den Patienten liebevoll und gütig sein, so gut es geht, und es dabei belassen.

Mein größter Vorbehalt gegenüber der Idee, liebevolle Güte als formelle Praxis zu lehren, war jedoch der, dass dies Menschen verwirren könnte, die gerade erst begonnen haben, sich mit der Praxis des Nicht-Tuns und der Absichtslosigkeit vertraut zu machen, die allen Meditationsübungen zugrunde liegt, die wir bisher behandelt haben, und die den Kern der MBSR bilden. Ich wollte die Ausrichtung auf eine direkte, nicht-reaktive, nicht-urteilende Aufmerksamkeit von Moment zu Moment nicht unterminieren, die uns US-Amerikanern ja nicht einmal im Traum einfallen würde, die aber so befreiend und lebensverändernd sein kann, wenn wir sie ernst nehmen und durch unsere eigene, kluge Bemühung und Disziplin zu einer Lebensweise machen.

Der Grund für mein Zögern war, dass die Anweisungen zur Meditation der liebevollen Güte unweigerlich den Eindruck erzeugen, dass wir hier aufgefordert werden, aktiv etwas zu *tun*: nämlich bestimmte Gefühle und Gedanken hervorzurufen und wünschenswerte Zustände für Geist und Herz zu erzeugen. Das fühlt sich ganz anders an (oder scheint sogar im Widerspruch dazu zu stehen), als einfach zu beobachten, was auf natürliche Weise im Erleben auftaucht, ohne Gedanken und Gefühle zu irgendetwas anderem zu rekrutieren als zur Schulung des Gewahr-Seins. Ich wollte nicht am Ende die Menschen verwirrt zurücklassen bezüglich der Kernpraxis und der Haltung des Nicht-Tuns, denn sie sind die Grundlage der nicht-dualen Achtsamkeitsübung, der Weisheit und des Mitgefühls, die ganz natürlich daraus entstehen, und von allem, was wir in der MBSR lehren.

Ein anderer, einfacher Grund: Ich wollte die Menschen nicht verwirren, indem ich sie in kurzer Zeit mit zu viel Neuem bombardierte. Schließlich ist die Meditation ein weites und sehr komplexes Feld, wenn man sich die verschiedenen Praktiken ansieht, die schon in einer einzigen Tradition angeboten werden! Sich mit einem kleinen Teil der verfügbaren Praktiken vertraut zu machen und sie zu vertiefen ist ja fast schon eine Lebensaufgabe. Es ist unmöglich, ein großes Gebäude durch alle seine Eingänge gleichzeitig zu betreten, und es ist Unfug, ständig durch die verschiedenen Türen ein und aus zu gehen. Wenn man das tut, wird man am Ende überhaupt nie im Gebäude selber gewesen sein.

Ohne diese Unterschiede zu übertünchen, kam ich schließlich doch zu der Ansicht, dass die Menschen in der MBSR-Klinik zumindest eine Kostprobe von der formellen Praxis der liebevollen Güte bekommen sollten, weil sie das Potenzial hat, unser Herz tief zu berühren und zur Stärkung von Liebe und Güte in der Welt beizutragen. Außerdem: Auf den ersten Blick ist zwar alles, was ich oben zu dieser Praxis gesagt habe, richtig, aber die Unterweisungen zielen auf einer tieferen Ebene nur *scheinbar* darauf hin, etwas geschehen zu machen. Eigentlich enthüllen sie nur Gefühle, die wir tatsächlich bereits haben, die aber gewöhnlich so tief vergraben sind, dass sie immer wieder eingeladen werden müssen, sich zu zeigen. Letztlich geht es um das menschliche Herz, wie es ist; dass es sich so, wie es ist, erkennen und berühren kann. Dieses Erkennen und Berühren ist praktisch endlos. Und deshalb präsentieren wir den Menschen die Praxis der liebevollen Güte als geführte Meditation während des ganztägigen Retreats in der sechsten Programmwoche, auch wenn wir aus pädagogischen und praktischen Gründen die Schulung in der formellen Praxis der liebevollen Güte im Rahmen der MBSR nicht gleichrangig mit der Schulung in den formellen Meditationen im Sitzen und im Liegen behandeln (es sei denn, bestimmte individuelle oder Gruppensituationen sprächen dafür).

Liebevolle Güte, auf pali *Metta*, ist eine aus einer Vierergruppe grundlegender Praktiken, die der Buddha gelehrt hat und die zusammen die vier „Göttlichen Verweilungszustände“ genannt werden: Liebevolle Güte, Mitgefühl, wohlwollende Freude und Gleichmut. Jede ist für sich genommen schon eine anspruchsvolle Meditationspraxis, und sie werden vor allem dazu benutzt, *Samādhi* oder „auf einen Punkt gerichtete", konzentrierte Aufmerksamkeit zu schulen, aus der heraus die Kraft der jeweils wachgerufenen Qualität entsteht und das Herz verwandelt. Die Essenz all dieser Praktiken ist jedoch bereits in den Achtsamkeitsübungen, die wir schon behandelt haben, vorhanden und wird durch sie zugänglich gemacht. Wenn diese Qualitäten des Herzens während der Achtsamkeitsübung spontan auftauchen, kann es aber, um sie zu erkennen, hilfreich sein, wenn wir sie benennen und ihre Rolle in der Meditationsübung deutlich machen, vor allem in schwierigen Zeiten. Tatsächlich können diese Übungen manchmal als notwendige und geschickte Gegenmittel gegen psychische Zustände wie etwa heftigen Zorn dienen, Geisteszustände, die zum Zeitpunkt ihrer Entstehung manchmal einfach zu stark sind, als dass wir mithilfe der direkten Beobachtung allein damit fertig werden könnten, wenn wir in der Meditationspraxis nicht sehr weit fortgeschritten sind. In solchen Momenten kann die formelle Praxis der liebevollen Güte dazu dienen, unsere Beziehung zu so überwältigend leidbringenden Geisteszuständen etwas zu lockern, sodass wir ihren Energien nicht mehr wehrlos ausgeliefert sind. Sie macht solche Geisteszustände auch zugänglicher und weniger hartnäckig. Allerdings, wie wir gesehen haben: Bei gezielter und beharrlicher Übung kann die Achtsamkeit selbst jeden Geisteszustand akzeptieren, wie schädlich und toxisch er auch sein mag. Indem wir ihn auf diese Weise sehen und um ihn wissen, in der offenherzigen, nicht-reaktiven, nicht-urteilenden Umarmung des Gewahrseins, können wir Einblick in die Natur des Zorns oder des Kummers – was immer es auch ist – nehmen. In diesem Sehen, in dieser Umarmung, in diesem Erkennen beginnt er schon zu verblassen, sich abzuschwächen und zu verflüchtigen, wie wenn wir eine Seifenblase berühren oder auf eine Wasserfläche schreiben würden. Was in solchen Momenten zum Vorschein kommt, ist nichts anderes als liebevolle Güte selbst, die ganz natürlich und ohne dass wir sie ausdrücklich einladen müssten, aus einer ausgedehnten Stille hervortritt – denn es kann nie geschehen, dass sie nicht schon da ist.

Bei der Anleitung oder der formellen Praxis liebevoller Güte verlasse ich mich oft auf Bilder und betone das direkte Gefühl liebevoller Güte, statt mich nur auf die Formulierungen zu verlassen, die traditionellerweise benutzt werden, um es wachzurufen. Es folgt nun eine geführte Meditation zur liebevollen Güte, die Sie gerne ausprobieren dürfen, wenn Sie möchten – vielleicht sogar jetzt?

Legen Sie in sitzender oder liegender Haltung, oder im Stehen – wenn Sie bereit sind – die Aufmerksamkeit auf den Atem und den atmenden Körper als Ganzes. Hier eine Weile ausruhen und eine einigermaßen stabile Plattform des Gewahr-Seins etablieren, Moment für Moment, auf den Wellen des Atems reitend.

Wenn Sie das Gefühl haben, gut beim Fließen des Atems verweilen zu können, stellen Sie sich nun vor dem geistigen Auge einen Menschen in Ihrem Leben vor, der Sie total und bedingungslos liebt oder geliebt hat. Erinnern Sie sich an das *Gefühl* der Liebe und Güte, die Ihnen dieser Mensch gewährt hat, an die Aura dieser Liebe für Sie. Atmen Sie mit diesen Gefühlen, baden Sie in dieser Geborgenheit und in diesem totalen Angenommensein, ruhen Sie darin, so wie Sie sind oder waren. Nehmen Sie wahr, dass Sie so angenommen und geliebt werden, wie Sie sind, ohne anders sein zu müssen, ohne sich dieser Liebe würdig erweisen zu müssen, ohne sie besonders verdienen zu müssen. Vielleicht halten Sie sich sogar wirklich nicht für besonders liebenswert, aber das spielt keine Rolle. Es ist in Wahrheit völlig irrelevant. Die relevante Tatsache ist die, dass Sie von ganzem

Herzen geliebt wurden oder werden. Es war oder ist eine Liebe für Sie, so wie Sie sind, so wie Sie jetzt bereits sind und vielleicht immer waren. Sie ist wahrhaft bedingungslos.

Lassen Sie Ihr ganzes Sein in diesen Gefühlen baden, lassen Sie sich davon umarmen, lassen Sie sich Moment für Moment im rhythmischen Schwingen des eigenen Herzschlags wiegen und in den fließenden Kadenzen des eigenen Atems – umarmt und badend in diesem Feld des Wohlwollens, diesem Feld liebevoller Güte, im totalen Angenommen-Sein dessen, was Sie waren oder sind. Verweilen Sie in diesem Gefühl, so lange Sie möchten oder solange es anhält.

Und wenn Sie in der Erinnerung keinen solchen Menschen finden oder zum Leben erwecken können – und so geht es vielen von uns –, dann schauen Sie, ob Sie sich jemanden *vorstellen* können, der Sie so behandelt. Das funktioniert auch gut.

Nun versuchen Sie, sobald Sie sich bereit fühlen, ob Sie sowohl *zur Quelle* als auch zur Empfängerin dieser Gefühle werden können. Mit anderen Worten: Machen Sie sich diese liebevollen Gefühle so zu eigen, als seien es Ihre eigenen und nicht die einer anderen. Verweilen Sie beim rhythmischen Schlagen Ihres Herzens und lassen Sie diese Gefühle der Liebe und Güte für sich selbst und des vorurteilslosen Angenommen-Werdens in Ihr Herz kommen. Baden Sie in diesem Gefühl der liebevollen Güte, wie ein Kind in der Umarmung seiner Mutter, wobei Sie zugleich Mutter und Kind sind. Ruhen Sie so gut Sie können Moment für Moment in diesen Gefühlen, Atemzug für Atemzug. Baden Sie in Ihrer eigenen gütigen Zuneigung und Selbst-Annahme, so wie Sie sind. Lassen Sie dieses Gefühl sich selbst nähren, es ganz natürlich sein, in keiner Weise erzwungen oder forciert. Jede noch so kleine Kostprobe dieses Gefühls ist Balsam und Trost für all die Negativität, all die Selbstkritik und den Selbsthass, die unter der Oberfläche unserer Psyche verborgen sein können.

Beim Verweilen in diesem Feld liebevoller Güte, dieser Umarmung liebevoller Güte, könnten Sie davon profitieren, wenn Sie sich innerlich leise die folgenden Sätze vorsagen (oder hören, wie der Wind, die Luft, der Atem, die Welt sie ihnen zuflüstern):

Möge ich in Sicherheit und geborgen sein und frei
von innerer und äußerer Not.
Möge ich glücklich und zufrieden sein.
Möge ich, soweit nur irgend möglich, gesund und heil sein.
Möge ich die Zufriedenheit des Wohlbefindens erleben …

Zuerst mag es sich ein wenig gekünstelt anfühlen, solche Dinge zu sich selber zu sagen oder sie auch nur zu denken. Wer ist denn schließlich dieses „Ich", das dies wünscht? Und wer ist das „Ich", das der Empfänger dieser Wünsche ist? Letztlich verschwinden beide in dem *Gefühl*, in diesem Moment geborgen und frei von Not zu sein; in dem *Gefühl*, in diesem Moment glücklich und zufrieden zu sein; in dem *Gefühl*, in diesem Moment heil zu sein, da Sie es ja schon sind; in dem *Gefühl*, in der Zufriedenheit des Wohlbefindens zu ruhen, weit entfernt von dem Unwohlsein und der Zerrissenheit, die wir so oft ertragen müssen. Dieses Gefühl ist die Essenz liebevoller Güte.

Nun könnten Sie einwenden: Wenn das eine selbstlose Praxis ist, warum konzentriere ich mich dann auf mich selbst, auf meine eigenen Gefühle der Geborgenheit und des Wohlbefindens, auf mein eigenes Glück? Eine mögliche Antwort: Weil Sie nicht von dem Universum getrennt sind, das Sie hervorgebracht hat, und weil Sie es deshalb ebenso wert sind, liebevolle Güte zu empfangen, wie alles andere oder jeder andere. Ihre liebevolle Güte kann doch weder liebevoll noch gütig sein, wenn sie nicht Sie selber mit einschließt, oder? Und gleichzeitig brauchen Sie sich überhaupt keine Sorgen zu machen. Die liebevolle Güte ist nicht auf

Sie selbst beschränkt, weil sie nämlich grenzenlos ist. Wenn Sie wollen, können Sie die Übung der liebevollen Güte, wie sie bis zu diesem Punkt beschrieben wurde, auch als ein Stimmen Ihres Instruments betrachten, bevor Sie damit in der Welt auftreten. In diesem Fall ist das Stimmen des Instruments an und für sich schon ein großartiger Akt der Liebe und Güte und Weisheit und kein bloßes Mittel zum Zweck.

Die Praxis geht weiter ...

Sobald Sie ein einigermaßen stabiles Feld liebevoller Güte um sich herum erzeugt haben – es kann sich jedes Mal ein wenig anders anfühlen – und eine Weile in dem Gefühl geruht haben, in seiner Umarmung gehalten und gewiegt zu werden, können Sie das Feld das Herzens nun bewusst ausweiten, so wie wir gelernt haben, in der Achtsamkeitspraxis das Feld des Gewahrseins auszuweiten. Wir können damit experimentieren, das Feld der liebevollen Güte um unser eigenes Herz und unser eigenes Sein herum auszuweiten: andere Wesen, entweder einzeln oder en masse, in diese sich weitende Umarmung einladend. Dies zu tun ist nicht immer ganz einfach; deshalb sollten wir mit einem Menschen beginnen, für den wir bereits ganz selbstverständlich Gefühle liebevoller Güte hegen.

Wenn Sie also bereit sind, es zu versuchen, erwecken Sie vor dem inneren Auge und im Herzen das Gefühl oder das Bild eines Individuums zum Leben, zu dem Sie große Zuneigung empfinden, von jemandem, der Ihnen emotional sehr nahe ist; jemand, vom dem Sie sagen können: Diesen Menschen liebe ich wirklich. Können Sie diesen Menschen im Herzen tragen, mit derselben Qualität liebevoller Güte, die Sie sich selbst entgegengebracht haben? Ob es nun ein Kind ist oder ein Elternteil, ein Bruder oder eine Schwester, Großmutter oder Großvater, eine andere nahe oder ferne Verwandte, eine enge Freundin oder eine geschätzte Nachbarin, einzeln oder alle zusammen: mit ihnen im

Herzen atmen, sie im Herzen tragen, ihr Bild im Herzen erzeugen, so gut es geht (keine dieser Vorstellungen muss sehr lebhaft sein, damit die Praxis wirksam ist), ihnen alles Gute wünschend:

> Möge sie oder er, mögen sie in Sicherheit und geborgen
> sein und frei von innerer und äußerer Not.
> Möge sie, möge er, mögen sie glücklich und zufrieden sein.
> Möge sie, möge er, mögen sie, soweit nur irgend möglich,
> gesund und heil sein.
> Möge sie, möge er, mögen sie die Zufriedenheit des
> Wohlbefindens erleben …

So von Moment zu Moment im Feld der liebevollen Güte im eigenen Herzen verweilen, mit diesen Worten oder Sätzen, die Sie sich selbst leise vorsagen, und mehr noch: vor allem bei dem Gefühl dahinter verweilen, während Sie sie immer wieder still wiederholen, nicht mechanisch, sondern achtsam, in voller Bewusstheit, wissend, was Sie sagen, die Absicht hinter dem Gefühl fühlend, die Absicht und das Gefühl hinter jedem dieser Sätze, und wie sie sich in diesem Moment im Körper, im Herzen ausdrücken.

Von hier aus können Sie auch jene in das Feld Ihres liebevollen Herzens einladen (einzeln oder zusammen), die Sie nicht so gut kennen, zu denen Ihre Beziehung vielleicht eher neutral ist, ja sogar Menschen, die Sie überhaupt nicht kennen und von denen Sie nur aus zweiter Hand gehört haben, die Freundinnen von Freundinnen zum Beispiel. Und, soweit Sie mögen, wünschen Sie ihnen wieder alles Gute und wiegen sie in Ihrem Herzen:

> Möge sie oder er, mögen sie in Sicherheit und geborgen
> sein und frei von innerer und äußerer Not.
> Möge sie, möge er, mögen sie glücklich und zufrieden sein.

Möge sie, möge er, mögen sie, soweit nur irgend möglich, gesund und heil sein.
Möge sie, möge er, mögen sie die Zufriedenheit des Wohlbefindens erleben …

Von hier aus können Sie das Feld des Gewahr-Seins nun so ausweiten, dass es auch ein Individuum oder mehrere Individuen umfängt, die für Sie in irgendeiner Hinsicht problematisch sind, mit denen Sie in der Vergangenheit unangenehme Erfahrungen gemacht haben, die Ihnen vielleicht irgendwie Leid zugefügt haben oder die Sie, aus welchem Grund auch immer, eher als Gegner oder Störfaktor empfinden denn als Freunde. Das bedeutet nicht, dass von Ihnen verlangt wird, diesen Menschen zu verzeihen, was sie getan, womit sie Sie verletzt oder Ihnen oder anderen Schaden zugefügt haben. Sie erkennen einfach an, dass auch sie menschliche Wesen sind, die Wünsche haben, dass auch sie unter Unwohlsein oder vielleicht auch Krankheiten leiden, dass auch sie sich danach sehnen, glücklich und geborgen zu sein. Sie strecken also, so gut es Ihnen möglich ist, und nur so weit, wie Sie spüren, dass Sie dazu bereit sind (oder wenigstens bereit, damit zu experimentieren), vorsichtig Ihre Fühler aus, Augen weit offen, und bringen auch ihnen liebevolle Güte entgegen, auch diesen Menschen, wobei Sie die Schwierigkeiten und Probleme, die zwischen Ihnen stehen, immer noch kennen und respektieren:

Möge sie oder er, mögen sie in Sicherheit und geborgen sein und frei von innerer und äußerer Not.
Möge sie, möge er, mögen sie glücklich und zufrieden sein.
Möge sie, möge er, mögen sie, soweit nur irgend möglich, gesund und heil sein.

Möge sie, möge er, mögen sie die Zufriedenheit des Wohlbefindens erleben.

Wir halten einen Moment inne: Sie sehen schon, wohin das führt. Genauso wie beim Kultivieren von Achtsamkeit, bei der wir uns auf ein Objekt der Aufmerksamkeit fokussieren oder aber das Feld ausweiten können, sodass es die verschiedensten Objekte der Aufmerksamkeit umfängt, können wir auch bei der Praxis der liebevollen Güte Tage, Wochen, Monate oder Jahre bei verschiedenen Ebenen des Übens verweilen, die alle ihre Gültigkeit besitzen und sich letztlich gegenseitig beinhalten. Schließlich ist es ja Ihr eigenes Herz, das weicher und offener wird. Wenn Sie liebevolle Güte nun dadurch entwickeln wollen, dass Sie sie in einer Sitzung – oder in vielen Sitzungen – auf sich selbst lenken, so ist beides vollkommen in Ordnung. Und wenn Sie liebevolle Güte lieber jenen Menschen entgegenbringen möchten, die Ihnen etwas bedeuten und die Sie lieben, oder vielleicht sogar nur auf einen Menschen, so ist auch das völlig in Ordnung.

Mit der Zeit ist es jedoch sehr wahrscheinlich – da Ihre Liebesfähigkeit, ob Sie es wissen oder nicht, unbegrenzt ist: das ist einfach die Natur der Liebe, sie ist grenzenlos und steht deshalb auch in unbegrenzter Menge zur Verfügung –, dass Sie ganz natürlich das Bedürfnis empfinden werden, immer mehr Wesen in das Feld der liebevollen Güte einzuladen, die Sie innerlich und äußerlich in alle Richtungen ausstrahlen: sogar Insekten, sogar Vögel, sogar Mäuse, sogar Schlangen oder Kröten.

Oder Sie stellen fest, dass plötzlich ungebetene Gäste auftauchen. Ist das nicht interessant? Wenn Sie sie nicht bewusst eingeladen haben, wieso sind sie dann trotzdem da? Und wie sind sie reingekommen? Hmmm. Vielleicht ist Ihr Herz ja größer und weiser, als Sie selber denken.

Im Geiste der Grenzenlosigkeit des Herzens und der Liebe können wir das Feld der liebevollen Güte so weit ausdehnen, dass es auch unsere Nachbarinnen und unser Stadtviertel umfängt, die Gemeinde und das Land, den Kontinent, die ganze Welt. Sie können Haustiere aufnehmen, alle Tiere, alle Pflanzen, alles Leben, die gesamte Biosphäre, alle fühlenden Wesen. Sie können auch sehr konkret werden und bestimmte Menschen, die Sie nicht kennen, sogar Politikerinnen, in das Feld Ihrer liebevollen Güte aufnehmen, auch wenn das ziemlich schwierig sein mag, wenn Sie nicht mit ihnen einer Meinung sind, sie streng verurteilen oder sogar an ihrer Menschlichkeit zweifeln. Umso wichtiger, dass Sie sie mit aufnehmen! Da sie Menschen sind, sind sie ebenfalls liebevoller Güte wert, und vielleicht reagieren sie sogar in einer Weise darauf, die Sie sich nicht haben träumen lassen, und werden sensibler. Und vielleicht ist das ja auch bei Ihnen so.

Sie können auch, wenn Sie möchten, ausdrücklich all jene in das Feld der liebevollen Güte aufnehmen, die weniger gut dran sind als Sie, die an ihrem Arbeitsplatz oder zu Hause ausgebeutet oder ausgenutzt werden, die Opfer von Armut, Rassismus oder Ausgrenzung sind, die vor Verfolgung und Völkermord fliehen, die, wie so viele, zu Unrecht im Gefängnis sitzen, die allgegenwärtiger (oft legalisierter) Korruption ausgeliefert sind oder vor ihr fliehen, die traumatisiert, gefoltert oder auf irgendeine Weise vergewaltigt worden sind. Sie können alle einschließen, die im Krankenhaus liegen, krank sind oder im Sterben liegen, all jene, die in chaotischen Verhältnissen oder in Angst leben müssen, die in irgendeiner Art und Weise leiden. Was immer sie in diese Situation gebracht hat, sie möchten genauso wie wir lieber die Zufriedenheit des Wohlergehens erleben als Qual, Zerrissenheit und Gewalt. Genauso wie wir wollen auch sie glücklich und zufrieden sein, sie sehnen sich danach, heil und gesund zu sein, sie sehnen sich danach, in Sicherheit und frei von Not zu sein.

Auf diese Weise erkennen wir an, wie sehr wir menschlichen Wesen vereint sind im Wunsch, glücklich zu sein und nicht zu leiden, und so wünschen wir ihnen allen Gutes:

Mögen alle Wesen nah und fern in Sicherheit und geborgen sein und frei von innerer und äußerer Not.
Mögen alle Wesen nah und fern glücklich und zufrieden sein.
Mögen alle Wesen nah und fern, soweit nur irgend möglich, gesund und heil sein.
Mögen alle Wesen nah und fern die Zufriedenheit des Wohlbefindens erleben.

Und wir müssen es nicht dabei belassen. Warum nicht die ganze Erde in das Feld liebevoller Güte einbeziehen? Warum nicht auch die Erde umfangen, die unser Zuhause ist, die ein eigener Organismus ist, die in gewisser Weise ein Körper ist, ein Körper, der durch unser bewusstes oder unbewusstes Tun auf eine Weise aus dem Gleichgewicht gebracht werden kann, die eine große Gefahr für das Leben darstellt, das sie nährt und erhält, und für die Intelligenzen, die in all diese Aspekte des Lebens, die tierischen, die pflanzlichen und die mineralischen, eingebettet sind und in der freien Natur so nahtlos miteinander interagieren?

Und so können wir das Feld des liebevollen Herzens, unsere liebevolle Güte, so weit ausdehnen, dass es auch den Planeten als Ganzes umfängt, und jenseits davon, darüber hinaus das ganze Universum, in dem sogar die Sonne nur ein Atom ist und wir … nicht einmal ein Elementarteilchen.

Möge unser Planet und das ganze Universum in Sicherheit und geborgen sein und frei von innerer und äußerer Not.
Mögen unser Planet und das ganze Universum glücklich und zufrieden sein.

Mögen unser Planet und das ganze Universum gesund und heil sein.
Mögen unser Planet und das ganze Universum die Zufriedenheit des Wohlbefindens erleben.

Es mag Ihnen ein wenig albern, vielleicht sogar animistisch vorkommen, dem Planeten Erde und dem ganzen Universum Glück zu wünschen, doch warum nicht? Schließlich ist das Allerwichtigste, ob wir nun von einzelnen Menschen sprechen oder vom gesamten Universum, dass wir unser Herz auf Inklusion hin orientieren und nicht auf Ausgrenzung. Was immer die Konsequenzen für andere, für den Planeten Erde, für das Universum – oder für irgendeine der Ebenen dazwischen – sein mögen: Letztlich hat unsere Bereitschaft, auf diese Weise unseren Horizont zu erweitern, anderen (im wörtlichen und im übertragenen Sinne) „entgegenzukommen" und den Horizont unseres Herzens zu erweitern, tiefgreifende Konsequenzen für unser eigenes Leben sowie für unsere Fähigkeit, auf eine Weise in dieser Welt zu leben, die Weisheit und Mitgefühl, liebevolle Güte und Gleichmut verkörpert und letztlich die Freude zum Ausdruck bringt, die darin liegt, am Leben zu sein, die im Grunde grenzenlose Freude, uns vom Gewicht hirnloser Konditionierungen sowie von dem Leid, das diese Konditionierungen mit sich bringen, befreien zu können.

Sich auf diese Weise auf die Meditation der liebevollen Güte einzulassen bedeutet, die fundamentale Freiheit des Herzens und seine inklusive Tendenz zu erkennen und zu kräftigen, Ihre eigene wunderbare Menschlichkeit, nicht in irgendeiner fernen Zukunft, sondern hier und jetzt, in genau der Situation, in der Sie jetzt sind. Ohne Zweifel profitiert die Welt auf irgendeine kleine, aber keineswegs belanglose Weise davon, und die Gabe liebevoller Güte, die ein einziger Mensch darbringt, hat eine läuternde Wirkung. Wir könnten auch sagen: Durch unsere momentane oder stetig wachsende Offenheit des Herzens und die Bereitschaft, allen Groll und alle Böswilligkeit, die wir gehegt und gepflegt haben mögen, loszulassen (wie gerechtfertigt sie uns auch immer erscheinen), verschieben sich die Beziehungen in der Gitterstruktur der Wirklichkeit und im Gewebe allen Lebens um ein kleines, aber bedeutendes Stückchen.

Gleichzeitig werden wir, die wir aus der Erde, aus dem Strom menschlichen Lebens, dem Universum hervorgegangen sind,* durch unser Engagement in dieser Praxis und unser erkennendes Vertrauen in die tiefste Natur unseres Herzens in gewisser Weise gesegnet, geläutert, geheilt, allein schon durch die großzügige Geste, die die Praxis liebevoller Güte an und für sich darstellt, und durch ihre Wirkung auf unser eigenes Herz, das wenigstens einen Moment lang aufhört, Groll und Böswilligkeit zu hegen. Unbestreitbar sind also wir selbst die Ersten, die davon profitieren, wenn wir uns entschließen, formell oder informell (und sei es auch nur ein bisschen) liebevolle Güte zu üben und zu verkörpern.

*

Bevor du weißt, was Güte wirklich ist,
musst du etwas verlieren,
musst du fühlen, wie sich in einem Moment die
Zukunft auflöst
wie Salz in einer verdünnten Brühe.
Was du in der Hand gehalten hast,
was du gezählt und sorgsam aufgespart hast,

---

* Vergessen wir nicht: Alle Atome unseres Körpers wurden im Feuerofen explodierender Supernovae geschmiedet und, was den Wasserstoff angeht, im Nachhall des Urknalls selber, vor ungefähr 13,7 Milliarden Jahren, als die Bedingungen dafür vorlagen.

all das muss gehen, damit du weißt,
wie wüst die Landschaft sein kann
zwischen den Regionen der Güte.
Wie du fährst und fährst
und denkst, der Bus hält niemals an,
die Passagiere, die Mais und Hühnchen essen,
werden für immer aus dem Fenster starren.

Bevor du die zärtliche Schwerkraft der Güte lernst,
musst du dorthin fahren, wo der Indianer im weißen Poncho
tot am Straßenrand liegt.
Du musst sehen, dass du das hättest sein können,
dass auch er jemand gewesen ist,
der voller Pläne durch die Nacht reiste,
und dem bloßen Atem, der ihn am Leben hielt.

Bevor du Güte als das tiefste Innere erkennst,
musst du den Kummer als das andere Tiefste kennen.
Du musst aufwachen mit Kummer.
Du musst mit ihm sprechen, bis deine Stimme
den Faden allen Kummers aufnimmt
und du die Größe des Tuchs erkennst.

Dann ist nur noch Güte sinnvoll,
Güte, die dir die Schuhe bindet
und dich hinausschickt in den Tag, um Briefe abzuschicken
und Brot zu kaufen,
Güte, die den Kopf hebt
aus der Menge der Welt, um zu sagen:
Ich bin es, wonach du gesucht hast,
und die dann mit dir überall hingeht,
wie ein Schatten oder ein Freund.

Naomi Shihab Nye,
Güte (Kindness)

Mache ich es richtig?

Es ist ganz natürlich, dass wir diese Frage stellen, wenn wir etwas Neues unternehmen, bei dem es darum geht, durch Lernen weiterzukommen. Natürlich möchten wir prüfen und herausfinden, ob wir es richtig machen (was immer „es" sein mag) und welche Wegweiser und Orientierungszeichen wir am Wegesrand vorfinden, an denen wir ablesen können, dass wir tatsächlich vorankommen und nicht in irgendeinem Brackwasser herumdümpeln oder endlos auf irgendeiner Sargassosee des Geistes im Kreis fahren – dass wir Fortschritte machen, dass wir vorwärtskommen, und zwar an ein wünschenswertes Ziel, und dass wir zumindest ein wenig liebevoller, gütiger, ruhiger, achtsamer, herzlicher werden. Und natürlich möchten wir auf unserem Weg Bestätigung und Rückversicherung finden, dass das, was wir fühlen, das ist, was wir fühlen *sollten*; dass das, was passiert, das ist, was passieren *sollte*; dass es „normal" ist und nicht ein Anzeichen für Inkompetenz oder dafür, dass wir in die falsche Richtung gehen und uns auf unserem Weg womöglich ungewollt noch ein paar schlechte Gewohnheiten einhandeln.

Wenn wir die Meditation instrumentell betrachten (siehe „Meditation ist nicht, was Sie denken", Kapitel „Zwei Sichtweisen der Meditation"), als eine Kompetenz, die sich entwickelt, während wir an ihr arbeiten, dann ist es in der Tat sinnvoll, wissen zu wollen, ob wir es richtig machen. Und es gibt tatsächlich ein paar Wegmarken: etwa ein stärkeres Gefühl der Stabilität und der Ruhe in der eigenen Aufmerksamkeit; die Fähigkeit, länger zu sitzen und sich dabei im Körper zunehmend wohlzufühlen; tiefere Einsicht und mehr Gleichmut gegenüber allem, was uns widerfährt; eine wachsende Fähigkeit, dem, was im Feld des Gewahrseins auftaucht, direkt in der ersten Berührung zu begegnen; die Komik darin zu sehen, dass wir alles so furchtbar ernst nehmen, vor allem das, was mit unserem Selbstbild und unseren Fixierungen zu tun hat. Womöglich erleben Sie auf einmal spontane Gefühle liebevoller Güte, des Mitgefühls und der Freude am Glück von anderen.

Weiterhin entdecken Sie in sich vielleicht ja auch einen gewissen Enthusiasmus und den Wunsch, mehr zu praktizieren; eine Bereitschaft, sich Dinge genauer und mitfühlender anzuschauen, die Sie sich normalerweise überhaupt nicht anschauen, und Sie sind sich mehr bewusst, wie Ihr Geisteszustand sich auf Sie selbst und auf andere auswirkt. Vielleicht stellen Sie fest, dass Sie die Magie und die Texturen der Sinneswelt immer intensiver erleben. Vielleicht stellen Sie fest, dass Sie sich spontan mehr im Körper präsent empfinden, mehr in Kontakt mit der Haut, mit Ihrer ganzen Körperhaltung und mit dem Gefühl, dass die Atmung den ganzen Körper erfasst.

All diese und noch viele andere Orientierungshilfen stehen bereit, und Sie werden sie erkennen, wenn Sie einfach weiter üben, ob es Ihnen gefällt oder nicht, ob Ihnen danach ist oder nicht; wenn Sie aus dem Kultivieren von Achtsamkeit eine lebenslange Herausforderung und eine Lebensaufgabe machen. Wenn Sie das Glück haben, mit einer guten Lehrmeisterin oder einem guten Lehrmeister arbeiten zu können, dann kann das eine Hilfe sein, weil sie Ihnen Rückmeldung geben kann, ob Sie „es richtig machen". Sie kann Ihre Erfahrungen bestätigen und Ihnen

Vorschläge machen kann, wie Sie mit den Myriaden von Erfahrungen umgehen können, die im Laufe eines Lebens und während der Achtsamkeitspraxis unweigerlich auftreten.

Nachdem das gesagt ist, gibt es aber noch eine andere Antwort auf die Frage „Mache ich es richtig?“, wenn sie in Ihrem Geist auftaucht und Sorgen, Zweifel oder Verwirrung erzeugt. Und diese Antwort kommt aus dem nicht-instrumentellen Charakter der Meditationspraxis. Zu diesem gehört, dass es bei der Meditation nicht darum geht, irgendwohin anders hinzugelangen, sondern einfach nur dort zu sein, wo Sie bereits sind, und es zu wissen. So gesehen machen Sie alles richtig, wenn Sie in Bewusstheit verweilen, ganz gleich, was Sie erleben und ob es angenehm, unangenehm oder neutral ist. Wenn Sie sich langweilen und es wahrnehmen, dann machen Sie es richtig. Wenn Sie Angst haben und es wahrnehmen, dann machen Sie es richtig. Wenn Sie verwirrt sind und es wahrnehmen, dann machen Sie es richtig.

Wenn Sie deprimiert sind und es wissen, dann machen Sie es richtig. Wenn Ihr Denken nie zur Ruhe kommt und es im gegenwärtigen Moment ein Bewusstsein davon gibt und Sie (und wenn es nur ein Augenblick ist) dieses Wissen sein können, statt sich von den aufgewühlten Gedanken davontragen zu lassen, dann machen Sie es richtig. Und wenn Sie tatsächlich von der Hektik und dem Wuchern der Gedanken, den Hirngespinsten und dem Wasserfall des denkenden Geistes davongetragen werden und ein Bewusstsein davon vorhanden ist und Sie in diesem Augenblick dieses Wissen sein können, dann machen Sie es richtig.

Solange Sie zu sich selber freundlich sind und nichts forcieren, gibt es eigentlich nichts, was Sie tun oder erleben könnten, das nicht wert wäre, Teil der Praxis zu sein – wenn Sie es wahrnehmen und sich vertrauensvoll diesem bewussten Verweilen überlassen können, statt unablässig in den Tumult, die Hektik, das Festklammern, das Habenwollen oder Zurückweisen dessen, was auftaucht, verstrickt zu sein.

Natürlich können sich *Dukkha* und irrige Sichtweisen gravierend verschärfen, wenn Sie die Distanz des Gewahrseins verlieren und sich in ungeschickte und schädliche Handlungsweisen verstricken, die aus Unbehagen, Angst oder anderen schädlichen Geisteszuständen vielleicht entspringen, wenn Sie sich zu sehr und ohne jedes Gewahrsein mit ihnen identifizieren. In Momenten, in denen das Gewahrsein verdunkelt oder verschleiert ist, können wir den Kontakt verlieren, völlig neben uns stehen und vergessen, wer wir in unserer ganzen Fülle eigentlich sind. Dann kann es sein, dass wir etwas tun, womit wir uns selbst schaden (ganz zu schweigen von dem manchmal schrecklichen Unheil, das wir anderen bereiten können). Doch selbst in solchen Situationen ist Gewahr-Sein immer zugänglich. Es gibt keine Situation, in der die Praxis nicht anwendbar wäre. Es ist jedoch sehr viel klüger, wenn wir allmählich lernen, das Auftauchen solch potenziell schädlicher und zerstörerischer Dinge in unserem Geist und in unserem Handeln frühzeitig zu erkennen. Dann können wir sie mit voller Bewusstheit im gegenwärtigen Augenblick umfangen und uns entschließen, diesen Augenblick zu einem Neuanfang zu machen, zu einer neuen Gelegenheit, uns schädlichen und destruktiven Tuns zu enthalten und fest in dem zu stehen, was wir sind.

Ihr Gewahrsein ist ein riesiger Raum, in dem Sie sich zu Hause fühlen können. Es ist immer für Sie da als Verbündete, Freundin, als Unterschlupf und Zuflucht. Und es ist niemals *nicht* vorhanden, es ist nur manchmal verschleiert. Aber das zu wissen, ist etwas sehr Subtiles. Wir müssen das Reich des Gewahr-Seins immer wieder aufsuchen, und sei es auch nur für kurze Zeit, und immer vertrauter damit werden. Dann wird, wie wir gesehen haben, alles, was im Leben vorkommt, sozusagen zum „Lehrplan“, egal, wie unerwünscht und unerfreulich es ist. Wenn Sie Zweifel, Unglück, Verwirrung, Angst, Schmerz vom Gewahrsein umfangen sein lassen, dann sind diese Geisteszustände nicht mehr die „Ihren". Sie verwandeln sich zurück in schlichte „Wetterlagen" von Geist und Körper. Die Dimension von „Ihnen", die bereits weiß, dass Sie zweifeln, dass Sie unglücklich, verwirrt, ängstlich, schmerzgeplagt, verbittert oder sogar bösartig sind, ist selbst keines von diesen Dingen; sie ist bereits völlig heil und in Ordnung. Niemals wird sie *nicht* das sein, was Sie in Wirklichkeit und auf der fundamentalsten Ebene sind. Wenn Sie sich also erinnern, dass nicht-urteilendes Gewahr-Sein in diesem Moment immer eine Alternative ist, und lernen, ihm zu vertrauen; wenn Sie lernen, in der offenen Weite Ihrer eigenen Gewahrseins zu wohnen oder es zumindest von Zeit zu Zeit zu besuchen – dann „machen" Sie es nicht nur „richtig", sondern es gibt eigentlich gar kein „Machen", hat es nie gegeben, und auch keine „Macherin". Achtsamkeit hat nichts mit Machen zu tun, hatte es nie. Es geht ums Sein – und ums Wach-Sein, das Wissen zu sein, einschließlich des Wissens um das Nichtwissen. Sind sie denn verschieden?

Lassen wir das einen Moment wirken.

Was uns häufig am Praktizieren hindert

Das häufigste Hindernis für die Praxis der Meditation ist, dass man keine Lust hat. Ein Teil von Ihnen sagt vielleicht, dass es Ihnen bestimmt guttäte, aber sobald der Impuls zu sitzen (oder eine andere formelle Praxis zu machen, sagen wir den Body-Scan oder ein bisschen achtsames Yoga) als flüchtiger Gedanke oder Gefühl auftaucht, drängen sich sofort alle möglichen anderen Gedanken und Gefühle dazwischen, die Sachen sagen wie: „Jetzt nicht" oder „Keine Zeit" oder „Ich glaube, ich möchte lieber lesen oder XY anrufen" oder „Ich muss sowieso gleich was essen" oder „Ich habe gerade zu viel zu tun" oder „Ich mach's später" oder „Ich fange morgen an" oder „Ich mach das, was ich mache, eben einfach achtsam!". Der Geist erzeugt immer irgendwelche Gedanken, die den ursprünglichen Impuls, innezuhalten und eine gewisse Zeit im Zeitlosen, in der Stille zu verweilen, umlenken oder abprallen lassen können.

Und hier kommen Intentionalität und Motivation ins Spiel. Meditation ist ja eine Disziplin, und diese Disziplin wird uns guttun, wenn wir wortwörtlich und im übertragenen Sinne unseren Platz einnehmen, ob uns danach ist oder nicht, und ganz gleich, was andere Instanzen in unserem Kopf aufbieten, um uns von unserem wichtigsten Vorhaben abzubringen. Wenn Sie also den Wunsch haben, in Ihrem Alltag mithilfe einer formellen Praxis Achtsamkeit zu entwickeln und zu verfeinern – vor allem, wenn diese Praxis etwas Neues für Sie ist und Sie noch nicht die Disziplin des regelmäßigen Übens entwickelt haben, oder wenn die Übungsdisziplin sich im Laufe der Jahre verflüchtigt hat oder schal und künstlich geworden ist –, dann mag es für Sie tröstlich sein zu hören, dass es relativ leicht ist, diese zentrale Disziplin zu etablieren oder neu zu etablieren. Ein sehr wirkungsvoller Weg ist, wenn Sie sich entschließen, früher aufzustehen als gewöhnlich und sich Zeit zu nehmen, die absolut nur Ihnen gehört, bevor die anderen Tätigkeiten und Verpflichtungen des Tages die Oberhand gewinnen und Ihre gute Absicht ersticken. Denken Sie nur: Sie können Zeit für sich allein haben! Zeit, die Sie nicht mit irgendetwas füllen müssen, mit der Sie nichts anfangen müssen, in der Sie einfach da sein dürfen, in der guten Gesellschaft Ihrer selbst, in der Sie ausruhen und sich mit der Entfaltung des Lebens und der Art und Weise, wie es Moment für Moment im Körper, im Geist und im Herzen zum Ausdruck kommt, vertraut machen können.

Natürlich beschränken sich die Hindernisse beim Meditieren nicht darauf, dass etwas es Ihnen erschwert, den Anfang zu finden. Sobald Sie auf dem Kissen sitzen (damit meine ich alle formellen Übungen, die wir erforscht und kultiviert haben), gibt es ebenfalls viele Möglichkeiten, wie Sie von Ihrer Absicht abgelenkt werden können, für das präsent zu sein, was sich im Augenblick entfaltet.

Zunächst einmal kann der Körper unruhig oder zappelig sein, in scheinbar hoffnungslosem Überdruss geplagt von Kribbeln, Jucken oder dem unwiderstehlichen Impuls, sich zu bewegen und herumzurutschen. Das ist überhaupt kein Problem. Das sind nur vorübergehende Stadien, die der Körper durchläuft. Mit etwas

Übung können wir diese Empfindungen, wenn wir sie als bloße Empfindungen sehen und erkennen, genauso wie andere Empfindungen im Körper leicht und sanft im Bewusstsein halten, insbesondere dann, wenn wir ihnen nicht durch hitzige Gedanken im Geist, der sie ständig beurteilt, gegen sie ankämpft, sie verändern oder sich ihnen ergeben will, noch mehr Nahrung geben oder uns Dinge sagen wie: „Wusste ich's doch, dass ich zum Meditieren einfach nicht tauge“ oder „Das beweist mal wieder, dass Meditation schiere Tortur ist, ein masochistisches Unterfangen für Menschen, die sonst nicht genug Probleme im Leben haben“. Das ist natürlich blanker Unsinn, nichts weiter als reaktive mentale Störgeräusche, die auf das reaktive „Störgeräusch“ des Körpers noch draufgepackt werden.

Sobald Sie sich in der Stille unter diesen oberflächlichen Wellen des Geistes niederlassen und vertraut werden mit der Topologie der inneren und äußeren Landschaften Ihres gesamten Seins, mit der Körperlandschaft, der Landschaft des Geistes, der Landschaft des Jetzt, der Luftlandschaft, den Landschaften der Sinne, beruhigen sich diese Hindernisse allmählich und klingen meistens ganz ab. Wenn sie dann nach einer Weile doch von Zeit zu Zeit wieder auftauchen, werden sie einfach als verschiedene körperliche und geistige Zustände gesehen und erkannt, als „Wetterphänomene“, die im Feld des Bewusstseins kommen und gehen. Es gibt immer Millionen zwingende Gründe, sich nicht auf ein Präsent-Sein im Augenblick einzulassen. Doch da wir sowieso schon im Gewahrsein verweilen (und wenn es nur für ein paar Momente ist) und uns erlauben, das Wissen zu sein, dann sehen wir bald: So wie alle anderen Phänomene im Reich der Erfahrung halten auch diese Zustände nicht lange an.

Nachdem das gesagt ist, rate ich allerdings, wenn der Widerstand besonders stark ist und Sie gerade erst beginnen, eine Achtsamkeitspraxis aufzubauen, zu Folgendem: Beginnen Sie mit ein bisschen achtsamem Yoga und lassen Sie sich allmählich in die Stille gleiten, entweder im Sitzen oder Liegen oder Stehen. Ich liebe es, vor dem Sitzen oder vor dem Body-Scan oder einer anderen Praxis im Liegen zuerst Yoga zu machen.

Wenn wir uns für längere Zeit auf die Praxis einlassen, sehen wir sofort, dass der Kopf mindestens genauso zappelig sein kann wie der Körper, wenn nicht noch mehr. Gut möglich, dass Sie zwischen Ungeduld und Erregung, Ungeduld und Erregung, Ungeduld und Erregung hin und her schwanken. Sie verstehen, was ich meine. Auch solche Zustände sind kein Problem. Es sind bloße Gewohnheiten des Geistes, genauso wie die klassischen „Fünf Hindernisse", die der Buddha lehrte und die eigentlich universale Aspekte eines untrainierten Geistes sind: sinnliches Begehren oder Gier; Faulheit und Trägheit; Rastlosigkeit, Grübeln und Bedauern; schließlich Zweifel. Während wir beobachten, wie sie – zusammen mit dem Atem und allem, was wir in das Feld des Gewahrseins aufzunehmen uns entschlossen haben – entstehen, da sind und verschwinden, werden auch sie im Allgemeinen als das gesehen, was sie sind: nichts weiter als unpersönliche Geisteszustände. Es sei denn, Sie geben ihnen dadurch Nahrung, dass Sie gegen sie ankämpfen und sich wünschen, sie würden verschwinden. Sie können sogar für sich genommen als wichtige, ja in der Tat äußerst nützliche Objekte der Aufmerksamkeit dienen. Versuchen Sie doch, mit Ihrer Ungeduld und Ihrer Aufregung Freundschaft zu schließen! Die Vertrautheit, die Intimität, die sich daraus entwickelt: Das ist Meditationspraxis und führt zu Gleichmut, ohne dass wir irgendetwas vertreiben müssten. Reines Gewahr-Sein ist jenseits und unabhängig von Bedingungen und Konditionierung und ist deshalb frei. Mehr noch: Es ist immer da und immer zugänglich, wenn Sie sich daran erinnern.

Schläfrigkeit kann sich ebenfalls wie ein gravierendes Hindernis für die Praxis anfühlen, wie wir bei der Übung im Liegen gesehen haben. Doch wenn Sie es mit der Meditation wirklich ernst meinen, dann ist auch Schläfrigkeit kein großes Problem. Wenn Sie an dramatischer Übermüdung leiden, sollten Sie natürlich versuchen, etwas mehr Schlaf zu bekommen, bevor Sie sich daran machen, eine Meditationspraxis aufzubauen. Ein Kopf, dem Schlaf fehlt, wird leicht ein bisschen verrückt und verliert den Überblick. Das beste Mittel dagegen ist Schlafen. Wenn Sie jedoch auch ohne Schlafentzug quasi automatisch einschlafen, wenn Sie sich zum Üben hinsetzen, dann ist alles, was Sie machen können, um Ihre Praxis zu unterstützen, sinnvoll: Sie können Gesicht und Nacken mit kaltem Wasser benetzen, bevor Sie sich auf das Kissen setzen, Sie können kalt duschen, Sie können mit offenen Augen sitzen oder im Stehen üben oder alles zusammen. Wenn Sie wirklich in Ihrem Leben und für Ihr Leben wach werden wollen, dann werden Sie gute Mittel und Wege finden, diese Absicht zu festigen und Wirklichkeit werden zu lassen. Wenn ich spät nachts mit dem Auto unterwegs bin und schläfrig werde und nichts zu helfen scheint, nicht einmal laute Rockmusik aus dem Radio oder frische Luft, und es im Moment gerade nicht angeraten ist, einfach anzuhalten, dann gebe ich mir selbst eine kräftige Ohrfeige, wenn nötig auch mehrmals. In einer solchen Situation kann das ein Akt der Weisheit und des Mitgefühls sein. Bei der Meditation läuft es, wie ich gesagt habe, letztlich darauf hinaus, ob wir bereit sind, so zu üben, als hinge unser Leben davon ab. Was es ja tut.

Ein anderes häufiges Hindernis für eine authentische Praxis ist Idealisierung. Man steckt sich überhöhte Maßstäbe und Ziele und macht dann aus der Übung einen Kraftakt, fast einen Akt der Aggression, mit wenig oder keinem Mitgefühl mit sich selbst und auch ohne Humor. Am wichtigsten ist, sich nicht zu ernst zu nehmen. Denken Sie daran, dass Achtsamkeitspraxis ein radikaler Akt der Liebe ist, dass Mitgefühl und Selbst-Mitgefühl also zu ihren Grundlagen gehören. Wenn wir mit uns selbst und den Erfahrungen, die wir jetzt gerade machen (wie auch immer sie aussehen) nicht freundlich und verständnisvoll umgehen können, wenn wir ständig irgendwelche anderen und besseren Erfahrungen haben wollen, um uns selbst oder andere davon zu überzeugen, dass wir uns „entwickeln", dass wir „ein besserer Mensch" werden, dann sollten wir die Meditation wohl besser aufgeben. Wir werden uns dann nämlich selber eine Menge Stress und Schmerz bereiten und womöglich der Meditation vorwerfen, sie „funktioniere nicht", wo es vielleicht zutreffender wäre zu sagen, dass wir nicht gewillt waren, mit der Situation zu arbeiten, wie sie war – wie wir sie vorgefunden haben, nicht gewillt, uns so zu akzeptieren, wie wir sind. Denken Sie daran: Der wirkliche Lehrplan ist das, was Moment für Moment auftaucht, und die Herausforderung ist die Frage, wie eine kluge Beziehung dazu aussieht. Denken Sie daran, dass Sie sich nicht „bessern" müssen, weil Sie bereits ganz sind, heil, bereits komplett, bereits vollkommen, so wie Sie sind, einschließlich aller „Fehler". Zwar kann, wenn wir gewaltsam etwas anstreben und erzwingen, manchmal der Eindruck entstehen, dass „etwas in Bewegung kommt", dass wir „Fortschritte machen" und mit der Praxis „vorankommen", aber ohne Selbst-Annahme und ohne Selbst-Mitgefühl sind diese Verkrampfung und dieser Zwang eine unkluge und ungeschickte Motivation für die Erkundung der Stille. Selbst wenn wir damit beträchtliche Konzentration und Stabilität und Klarheit des Geistes entwickeln, wird die Weisheit sich uns entziehen, weil sie nicht etwas ist, das man „erwirbt", sondern eine Art, zu sehen und zu sein, die von selbst in uns wächst, wenn die Bedingungen stimmen. Der Boden einer tiefgründigen Meditationspraxis braucht den Dünger tiefer Selbst-Annahme und tiefen Selbst-Mitgefühls. Aus diesem Grund ist Sanftheit kein Luxus, sondern eine zentrale Voraussetzung dafür, dass wir zur

Besinnung kommen. Eine gewisse Strenge und Disziplin sind in Ordnung, sogar notwendig, aber Härte und Ehrgeiz führen letztlich nur zu Unbewusstheit und Gefühllosigkeit und weiterer Zerrissenheit, obgleich wir doch gerade die Gelegenheit hätten, zu erkennen, dass wir bereits okay sind, bereits heil und ganz, genau in diesem Moment.

Letztendlich gibt es unendlich viele Hindernisse für die Praxis. Aber alle Hindernisse, die vorhergesehenen wie die unvorhergesehenen, werden zu Verbündeten, wenn wir sie mit Gewahrsein umfangen. Sie können unserer Übung Nahrung geben, statt sie zu behindern, wenn wir sie als das erkennen, was sie sind, und sie einfach zur Landschaft des Jetzt gehören lassen – weder gut noch schlecht – was sie, Wunder über Wunder, ja bereits tun.

*

Wenn deine Augen müde sind,
ist auch die Welt müde.

Wenn deine Vision dahin ist,
kann nichts in der Welt dich finden.

Zeit, sich ins Dunkel zu begeben,
in dem die Nacht Augen hat,
um ihresgleichen zu erkennen.

Dort kannst du sicher sein,
dass Liebe dich erreichen kann.

Das Dunkel wird heute Nacht
dein Mutterschoß sein.

Die Nacht wird dir einen Horizont geben,
der weiter ist, als du sehen kannst.

Eine Sache musst du lernen:
Die Welt wurde geschaffen, damit du frei sein kannst in ihr.

Gib alle anderen Welten auf,
außer der, zu der du gehörst.

Manchmal braucht es Dunkelheit und das süße
Gefängnis des Alleinseins,
damit du lernst:

alles, was dich nicht lebendig macht,
ist zu klein für dich.

David Whyte,
Süßes Dunkel (Sweet Darkness)

Hilfen für Ihre Praxis

Letzten Endes sind die Qualität Ihrer Motivation sowie die Entschlossenheit, mit der Sie die Sache angehen, die wichtigsten Stützen für Ihre Achtsamkeitspraxis. Auch noch so viele äußere Hilfen können kein Ersatz für dieses innere Feuer sein, für die stille Leidenschaft, das Leben so leben zu wollen, als käme es wirklich auf uns an; für die Gewissheit, wie leicht wir große Teile unseres Lebens an Unbewusstheit, automatische Reaktionen und tiefverwurzelte Konditionierungen verlieren. Darum fordere ich die Menschen, die mit mir zusammen praktizieren, immer auf, so zu üben, als hinge ihr Leben davon ab. Nur wenn Sie wissen – oder es vermuten –, dass dem tatsächlich so ist, werden Sie genug Energie haben, um dann zu sitzen, wenn Ihnen nicht danach ist; und nur dann werden Sie sich diese Unendlichkeit zeitloser Momente (egal, wie lange sie der Uhr nach dauern) wirklich zu eigen machen und sie maximal nutzen können, und zwar, ohne dass Sie etwas tun müssten. Nur wenn Sie wissen oder zumindest ahnen, dass Ihr Leben tatsächlich von Ihrer Meditationspraxis abhängt, werden Sie erstens genügend Motivation und Energie haben, um früher aufzustehen als sonst, damit Sie ungestört Zeit für sich haben – Zeit, die für nichts anderes verplant ist und in der Sie einfach nur SEIN können, eine Zeit außerhalb der Zeit; werden Sie zweitens bereit sein, eine andere Tageszeit, die für Sie besser geeignet ist, als sakrosankte Zeit für die Übung zu reservieren; werden Sie drittens auch an Tagen praktizieren, an denen ziemlich viel los ist; und vor allem: nur dann werden Sie viertens das ganze Leben zur eigentlichen Meditation machen können, sodass die Frage nicht nur die ist, ob Sie sich Zeit für das regelmäßige formelle Üben nehmen, sondern ob Sie bereit sind, jedem Augenblick mit Achtsamkeit zu begegnen, egal, was Sie gerade tun oder was los ist. Wenn Sie die Praxis so angehen, wird es sich allmählich so anfühlen, als machten nicht Sie die Praxis, sondern als machte die Praxis Sie. All das entwickelt sich im Laufe der Zeit ganz natürlich. Es kostet immer weniger Mühe und wird schlicht zu der Art und Weise, wie Sie leben möchten. Doch der Eifer und die Leidenschaft, sich auf diesen radikalen Akt einzulassen, der in unserer hektischen, obsessiven, in einem Meer von Ablenkungen und Anforderungen ertrinkenden Kultur so ungewöhnlich ist: Sie sind unerlässlich, wenn wir die Dynamik der Praxis aufrechterhalten, vielleicht sogar steigern und uns der Befreiung vom Schleier der Unbewusstheit und von dem Leiden, das sie unvermeidlich mit sich bringt, verschreiben wollen.

Dies vorweg. Aber natürlich gibt es zahllose Möglichkeiten, diese stille Leidenschaft für die Wachheit und die Entschlossenheit, frei von Konditionierungen zu leben, zu stärken und zu stützen. Am Anfang könnte die Wahrnehmung stehen, wie sehr unsere Konditionierung uns buchstäblich jeden Moment im Griff hat, und dann die ersten Schritte, uns durch dieses bloße Sehen und Erkennen dem Griff zu entwinden. Wir können jeden Augenblick als Weggabelung sehen und unsere Sinne und unsere Sensibilität verfeinern, unsere Fähigkeit steigern, die Hindernisse und Fallgruben zu umschiffen, die jeder Augenblick zwangsläufig mit sich bringt, und so erleben, wie wir allmählich, in einem instinktiven Fließen, auf Klarheit, Ruhe und Unabhängigkeit hinsteuern, ganz gleich, wie viele Stolpersteine und Hindernisse unterwegs auftauchen.

Das Wichtigste ist, sich zu erinnern, dass es die eine, „richtige“ Art zu üben nicht gibt, dass wir uns die Praxis letztlich zu eigen machen müssen – oder vielmehr zulassen müssen, dass sie allmählich unser Eigen wird, indem wir bereit sind, uns ihr hinzugeben und sie zur Lehrerin werden zu lassen. Eigentlich ist es das Leben selbst, das dann zur Lehrerin und zum Lehrplan wird. Wenn Sie aufmerksam sind und die Augen offen halten, werden Sie immer wieder sehen, dass das Leben eine außerordentlicher Lehrmeisterin ist, selbst in gewöhnlichsten Momenten und bei alltäglichsten Ereignissen. Und das „Klassenzimmer“ ist die gesamte Landschaft der inneren und äußeren Welt, die Landschaft der Sinne, die Landschaft des Geistes, die Landschaft des Jetzt und alles, was in ihnen geschieht – ausnahmslos alles –, einschließlich der Leere, der Stille und der Fülle des Bewusstseins, das all dies enthält. In dieser Welt gibt es keine Hindernisse für die Praxis, nur scheinbare.

Es gibt keinen Ersatz für den Eifer und die Leidenschaft, die Sie in Ihr Leben stecken und in das Ziel, es voll und ganz und dankbar zu leben. Und wenn Sie der einzige Mensch auf dem Planeten wären, der Achtsamkeit kultiviert, so wäre das kein Grund aufzugeben (auch wenn das zugegebenermaßen ein ziemlich entmutigender Gedanke ist). Im Gegenteil, es wäre sogar noch ein Grund mehr, zu praktizieren.

Aber eine der stärksten Stützen für die Praxis (zumindest erlebe ich das so) ist das Wissen, dass es Millionen Menschen gibt, die sich der Achtsamkeit und einem bewussten Leben verpflichtet fühlen, und dass in jedem einzelnen Augenblick Millionen von Menschen tatsächlich sitzen. Wenn *Sie* sich also – wann auch immer, morgens, mittags oder abends – zur Meditation hinsetzen, dann wissen Sie, dass Sie nicht allein sind. Sie loggen sich praktisch in ein stilles Gegenwärtigsein ein, das keine Grenzen kennt und kein Zentrum und keine Peripherie hat. Sie schließen sich einer großen Gemeinschaft verwandter Seelen an, die Ihre Begeisterung für Wachheit und Befreiung teilen. Und es werden täglich immer mehr Menschen, die auf einem der vielen Wege, die heute (anders als in der Vergangenheit) zur Verfügung stehen, zur Meditationspraxis finden.

Wie wir im Band „Meditation ist nicht, was Sie denken", Kapitel „Dukkha-Magneten" erwähnt haben, nennen Buddhisten diese Gemeinschaft von Menschen, die dem Dharma verpflichtet sind, den „Sangha". Ursprünglich bezeichnete der Begriff die Gemeinschaft der Mönche und Nonnen, die dem weltlichen Leben entsagten, um den Lehren des Buddhas zu folgen, und das ist auch heute noch eine wichtige Bedeutung des Wortes. Doch mittlerweile hat es eine breitere Bedeutung bekommen und umfasst alle, die sich einem Leben der Achtsamkeit und Gewaltlosigkeit verpflichtet fühlen. Wenn wir nur den geringsten Antrieb zur Praxis verspüren, dann gehören wir praktisch zum *Sangha*, ob es uns bewusst ist oder nicht. Der *Sangha* ist keine Organisation, der man beitritt, er ist eine Gemeinschaft, der man aus eigener Verpflichtung und Leidenschaft und Fürsorge angehört. Und diese Verbindung zu haben, kann an sich schon eine enorme Stütze der eigenen Praxis sein.

Ein Bild, das mich sehr anspricht, ist, dass wir alle Blätter desselben Baums sind. Eine jede von uns hat ihren ganz eigenen Standort und ihren eigenen Blickwinkel von diesem Standort aus. Ein jeder von uns ist eine Ganzheit, und die Ernährung und das Überleben des ganzen Baumes hängen von jedem seiner Blätter ab, wie umgekehrt jedes Blatt von ihm. Obwohl wir ein Ganzes sind, sind wir zugleich Teil eines viel größeren Ganzen – mehr noch: von Ebenen der Ganzheit, die immer weiter ausgreifen und sich wechselseitig einbetten.

Wie auch immer wir zur Meditationspraxis gekommen sind oder kommen werden – Tatsache ist, dass niemand sie sich – weder

Sie noch ich – einfach ausgedacht hat. Achtsamkeit sowohl als formelle Übung wie als eine Lebensweise ist an uns weitergegeben worden, sodass wir damit experimentieren, sie erforschen und selber entdecken können, was sie uns bietet. Wir sollten das mit der größtmöglichen Integrität und Hochachtung für dieses Geschenk tun und für all den Einsatz, die Strapazen und die Genialität, die dahinterstehen. Es gibt eine lange, über Jahrtausende zurückreichende Linie von Frauen und Männern, die dem Dharma, der Weisheit und dem Mitgefühl genauso verpflichtet waren, wie wir heutigen Praktizierenden es sind oder sein können, wenn wir es denn wollen. Sie sind die „unbekannten Lehrmeister", von denen Yeats spricht (siehe „Meditation ist nicht, was Sie denken", Kapitel „Übertragungslinien – Nutzen und Grenzen von Gerüsten"). Und wie bei jeder respektablen Übertragungslinie dürften wir auch hier irgendwann einmal voller Dankbarkeit sein für das Vermächtnis und das Geschenk dieser Menschen an uns. Viele haben in vielen Kulturen und vielen Sprachen Aufzeichnungen über ihre Erfahrungen hinterlassen (viele andere allerdings nicht). In der Summe läuft dieses Vermächtnis darauf hinaus, dass wir die Gelegenheit haben, den Geist, die Methoden, die methodischen Gerüste und die Leere – mit einem Wort: den Dharma – zu nutzen, die sie uns vererbt haben, indem sie vor uns kamen und an uns Spätere dachten. Dies ist eine Gabe unserer Spezies an die Spezies. Nie war dieses Erbe vitaler als heute, und nie war der Bedarf dafür größer. Es ist eine Liebesgeschichte, ein Weitergeben von Weisheit, das den evolutionären Bogen der Menschheit über Jahrtausende hinweg spannt.

Wir haben das Glück, in einer Zeit zu leben, in der der universelle Dharma in all seinen Ausprägungen leichter zugänglich ist als je zuvor. Bücher von angesehenen Meditationslehrerinnen und Wissenschaftlerinnen sind heute überall verfügbar, genauso wie Podcasts und YouTube-Videos. Ein veritables Füllhorn an

Möglichkeiten, von großen Meisterinnen und Meistern aus verschiedenen Traditionslinien zu lernen, wird vor uns ausgeschüttet, ein ganz außergewöhnlicher Überfluss, der immer noch anwächst. Im Literaturverzeichnis am Ende des Buches finden Sie eine relativ kurze Liste derjenigen Bücher und Organisationen, die den größten Einfluss auf mein Leben und das Leben meiner Kolleginnen und Schülerinnen gehabt haben. Geführte Meditationen auf verschiedenen Medien, die online zur Verfügung stehen und Einstiege und Anleitungen zu bestimmten Aspekten der Achtsamkeitspraxis liefern, können eine wertvolle, wenn nicht sogar entscheidende Hilfe und Unterstützung sein, damit Sie Ihre Praxis entwickeln und vertiefen können. Dazu gehören auch die geführten Meditationen, die ich für das MBSR-Programm und als Begleitmaterial zu meinen Büchern entwickelt habe. Sie sind ebenfalls am Ende des Buches aufgeführt.

Aber letztendlich reichen alle Hilfsmittel nicht aus, wenn Sie es nicht schaffen, Ihren Hintern auf das Meditationskissen zu befördern. Lesen kann eine Inspiration sein; großen Lehrerinnen zu begegnen, entweder persönlich oder über Podcasts, Webseiten und Videos, kann eine Inspiration sein. Mit anderen zusammen zu sitzen kann eine enorme Hilfe sein (dazu später noch mehr), aber Sie müssen immer noch selber üben, mit Ihrem Körper, Ihrem Geist, Ihrer Situation. Man kann es mit den Büchern auch übertreiben, und die Bücher, so authentisch, inspirierend und hilfreich sie auch sein mögen, heizen dann nur das unersättliche Verlangen nach mehr Informationen und Gedanken weiter an. Man könnte jedes gute Dharma-Buch mit großem Gewinn immer wieder lesen und studieren – vielleicht, indem man sich immer nur eine oder zwei Seiten, ein oder zwei Kapitel vornimmt und dann darüber reflektiert und sich ernstlich bemüht, das Gelesene in die Praxis umzusetzen. Es könnte sein, dass dazu ein ganzes Leben nötig ist.

Also, um Quantität geht es hier nicht, denn die Materialfülle kann überwältigend sein und auch in ein endloses Hamsterrad münden. Letztendlich werden Sie Ihre eigene Reiseroute, Ihren eigenen Weg finden und bisweilen Ihre Position bestimmen müssen (d. h., achtsam sein müssen), um zu prüfen, ob der Weg, dem Sie folgen – die Lehrerinnen, die Sie finden, und die Gruppe, mit der Sie praktizieren, wenn Sie eine gefunden haben – sich intuitiv richtig anfühlen und Ihrer Situation und Ihren Wünschen angemessen. Falls nicht, rate ich Ihnen, nach anderen Lehrerinnen, anderen Ansätzen, anderen Wegen auf den Gipfel dieses Berges Ausschau zu halten.

Wie Sie den Geschichten über meinen Zen-Meister Soen Sa Nim und die Stress Reduction Clinic, die ich immer wieder erzähle (siehe Bücher 1 und 4), vielleicht entnommen haben, ist es extrem wichtig, Gleichgesinnte zu finden, mit denen man studieren und praktizieren und über die Praxis sprechen kann. Schon eine einzige gute Dharma-Freundin kann eine enorme Stütze für Ihre Praxis sein, und wie bei allen Beziehungen ist der Nutzen gewöhnlich gegenseitig … mit anderen Worten, am Ende unterstützen Sie sich gegenseitig und helfen einander, bestimmte Punkte der Praxis zu erhellen, indem Sie sich einfach darüber unterhalten. Es mag Ihnen oft gar nicht bewusst sein, dass das Ihre Praxis stärkt, aber es ist tatsächlich so.

Noch vor 45 oder 50 Jahren hätten Sie sich, sogar in einer großen Stadt, wahrscheinlich schwergetan, eine Meditationsgruppe zu finden. Heute gibt es sie überall. Auch online sind sie schnell zu finden. Es gibt nationale und internationale *Vipassanā*-Gruppen und -Netzwerke. Es gibt Zen-Gruppen und tibetische Gruppen. Es gibt eine Fülle von Meditationszentren, die Achtsamkeitskurse unterschiedlicher Dauer anbieten, vom Wochenendseminar bis zu Retreats von mehreren Wochen oder Monaten Dauer, an denen

Sie als zeitweiliger Gast teilnehmen können, wenn Sie möchten. In der Regel gibt es dort hervorragende Anleitung durch Lehrerinnen, die ihr Leben dem Dharma gewidmet haben und die Ihre Muttersprache sprechen. Und all das ist nur ein Anruf oder ein Mausklick entfernt.

Es gibt auch viele Hundert MBSR-Programme und vom CFM zertifizierte Lehrerinnen in Krankenhäusern, Praxen und Therapiegruppen auf der ganzen Welt, in denen sich in den Kursen das Gemeinschafts- und *Sangha*-Gefühl spontan entwickelt, gewöhnlich in ganz kurzer Zeit. Diese Form des *Sangha* hat sich als große Hilfe für alle erwiesen, die mit der Achtsamkeitspraxis gerade starten oder erst einmal ausprobieren wollen, wie diese acht Wochen für sie sind, bevor sie sich auf die nächsten Schritte einlassen, genauso aber auch für die, die zum Auffrischen wiederkommen und ihre Praxis vertiefen wollen.

Am Ende jedes Bandes dieser Reihe sind auch Internetseiten aufgeführt, die Ihnen Hilfsmittel für die Praxis zur Verfügung stellen.

Und dann sind da die Lehrerinnen selbst. Es kann überaus wertvoll und lehrreich sein, verschiedene Achtsamkeitslehrerinnen zu erproben und sich ihren Dharma genau anzuhören. Bei den besten von ihnen, den authentischsten, werden Sie nicht nur von dem profitieren, was sie sagen, sondern auch davon, dass Sie ihr Verhalten beobachten können; beobachten können, wie diese Menschen SIND – wenigstens in dem Ausmaß, in dem sie zulassen, so gesehen zu werden, wie sie tatsächlich sind. Niemand ist vollkommen, aber es kann sehr aufschlussreich sein zu sehen, wie sie mit ihren eigenen Gewohnheiten von Unachtsamkeit, Gier und Aversion umgehen (oder nicht umgehen), wenn diese auftauchen. Denn bei der Praxis geht es nicht darum, sich Allüren zuzulegen und vorzugeben, man habe irgendetwas erreicht. Eine Lehrerin muss also nicht unbedingt ohne Makel und Schwächen oder über alltägliche Gefühle erhaben sein, und schon gar nicht darüber, Fehler zu machen. Es geht darum, echt zu sein, authentisch zu sein, nicht krampfhaft an irgendwelchen Krücken festhalten zu müssen (oder wenigstens zu sehen, wenn das geschieht); und vor allem geht es darum, niemandem bewusst oder unbewusst zu schaden, sondern, so gut es geht, moralisch integer, ehrlich und warmherzig zu handeln.

Sie können sehr viel lernen, wenn Sie zuschauen, wie verschiedene Lehrerinnen und Lehrer den einen Dharma präsentieren und in ihrem Leben verkörpern. Jede(r) macht es anders, und es gibt nicht die „beste" oder „die einzig richtige" Art und Weise, achtsam und mit Herz in Übereinstimmung mit dem zu leben, was weise ist. Wenn Sie verschiedene Lehrerinnen beobachten, wird Ihnen klar werden, dass Sie unmöglich sich selbst und Ihrem eigenen Pfad treu bleiben können, wenn Sie nur diese Lehrerinnen imitieren oder verehren, obwohl das in den frühen Stadien der Praxis passieren kann und an sich nicht schlecht sein muss. Doch wenn sie wirklich gute Lehrerinnen sind, dann werden sie jede Abhängigkeit von ihrer Person ablehnen. Sie werden darauf drängen, dass Sie Ihren eigenen Weg finden, durch fortgesetzte Praxis zu eigener Erkenntnis gelangen und das Leben selber zur Lehrerin werden lassen, auch während Sie weiterhin mit ihnen oder anderen Lehrerinnen arbeiten. Der Buddha selbst hat das in seinen letzten Worten auf dem Sterbebett betont, als er, wie überliefert ist, zum *Sangha* sprach: „Seid euch selbst ein Licht."

Letztlich werden Sie feststellen: Wenn wirklich das Leben die eigentliche Lehrerin ist, dann wird jeder Mensch in Ihrem Leben zur Lehrerin oder zum Lehrer. Jeder Augenblick und jedes Ereignis ist dann eine Gelegenheit zum Üben, eine Chance, hinter den bloßen Anschein der Dinge zu blicken; die eigenen Tendenzen, zu reagieren, sich zu verkrampfen und emotional zu verschließen, zu durchschauen; Tendenzen, die vor allem dann auftreten, wenn es nicht so läuft, wie man es sich wünscht. (Oder gerade dann, wenn es wunschgemäß läuft!) Wenn Sie sich vielleicht einbilden, etwas Besonderes zu sein; in Momenten, in denen Sie danach streben oder vorgeben, etwas Besonderes zu sein; schließlich auch in Momenten, in denen Sie wissen, dass Sie nichts Besonderes sind oder in denen die Angst auftaucht, Sie könnten zu einem Niemand werden. Oder wenn Ihr Ehrgeiz es im Gegenteil gerade für das Kennzeichen eines herausragenden spirituellen Status' und echter Meisterschaft hält, ein Niemand zu sein.

In all diesen und in vielen anderen Fällen kann sich herausstellen, dass Ihr Ehemann oder Ihre Ehefrau, Ihre Partnerin, Ihre Kinder oder Familienangehörigen, Ihre Freundinnen und Kolleginnen, sogar völlig Fremde, die Politesse, die Ihnen einen Strafzettel gibt, Menschen, die Ihnen die kalte Schulter zeigen, einfach alle, Ihre besten Lehrerinnen sind. Und natürlich gilt das auch für alles, was Ihnen widerfährt. Erinnern Sie sich daran, wie wir im letzten Kapitel festgestellt haben, dass es mit der richtigen Motivation keine Hindernisse für die Praxis gibt, sondern nur scheinbare Hindernisse. Alles fördert Ihre Wachheit, wenn Sie bereit sind, sich aufwecken zu lassen, indem Sie tatsächlich „zur Be-Sinn-ung kommen". Wirklich alles. Aber das verlangt ein mutiges Herz und einen Geist, der sieht, wie sinnlos es ist, irgendetwas festhalten zu wollen … während Sie gleichzeitig in und zu Ihrem einzigartigen Wesen stehen, in voller Integrität.

Am Ende läuft es darauf hinaus, dass immer das Leben die beste Lehrerin und der Lehrplan und die Praxis ist, auch wenn wir von all den Menschen in Vergangenheit, Gegenwart und Zukunft enorm profitieren können, die uns ihre Liebe, ihre Weisheit und ihre Einsichten darbieten, in den vielen Formen, in denen sie uns Lehrerinnen sind. Sie werden zu einem Segen in unserem Leben, zu einem echten Geschenk.

Und so sind wir am Ende wieder da, wo wir angefangen haben, zurückgeworfen auf unser eigenes persönliches Interesse an Bewusstheit und Befreiung, auf unsere Motivation, Entschlossenheit und Bereitschaft, alles, was uns begegnet, als Gelegenheit zur Vertiefung unserer Hingabe an das volle Aufwachen, an das pralle Leben zu nutzen – ganz gleich, was geschieht. Und diese Gelegenheiten sind nicht länger nur für Sie alleine da, auch wenn es völlig in Ordnung ist, wenn wir mit uns selbst anfangen. Sie sind Knotenpunkte im großen Netz wechselseitiger Verbundenheit, sind das Leben, das sich durch vielleicht klügere und mitfühlendere Verhaltensweisen ausdrückt. Nicht im Sinne eines Ideals oder einer Idealisierung der Praxis, sondern schlicht als gesunder Menschenverstand, wenn es darum geht, Leid und das Zufügen von Leid zu verringern (bei einem selbst und bei anderen) und Wohlbefinden, Güte und Klarheit zu maximieren.

Wenn Sie sich darauf einlassen, dann können nicht nur die oben angesprochenen Ressourcen zu unverzichtbaren Stützen Ihrer Praxis werden. In gewisser Weise wird dann das gesamte Universum, wie wir im folgenden Teil „Das heilende Potenzial der Achtsamkeit – Eine neue Art, zu sein“ sehen werden, mit Ihrer neuen Sichtweise und Intentionalität in Resonanz treten. Aber es wartet darauf, dass Sie den ersten Schritt machen.

Wie der schottische Bergsteiger William Hutchison Murray sagte:

> „Bis man sich festgelegt hat, gibt es immer Zögern, die Möglichkeit auszuweichen, immer Lähmung. In jeder Initiative, jedem schöpferischen Akt gibt es eine elementare Wahrheit, deren Unkenntnis zahllose Ideen und glänzende Pläne vernichtet: In dem Moment, in dem man sich definitiv festlegt, bewegt sich auch die Vorsehung. Alle möglichen Dinge kommen einem zu Hilfe, die sonst nicht geschehen würden. Ein Strom von Ereignissen geht von der Entscheidung aus und lässt einem alle möglichen unvorhergesehenen Zufälle und Begegnungen und materiellen Hilfen zugute kommen, die man sich nie hätte träumen lassen. Ich erwarb Hochachtung für Goethes Vers: ‚Was du tun oder dir erträumen kannst, beginne es. In der Kühnheit liegen Genius, Kraft und Zauber.'"

Danksagung

Da die Ursprünge dieser vier Bände weit zurückreichen, gibt es eine Reihe von Leuten, denen ich mich verpflichtet fühle und meinen Dank bekunden möchte, weil sie in verschiedenen Stadien der Entstehung und Veröffentlichung dieser Bücher so viel dazu beigetragen haben.

Für den ersten Band, veröffentlicht 2005, möchte ich meinem Dharma-Bruder Larry Rosenberg vom „Cambridge Insight Meditation Center" danken, ebenso Larry Horwitz und meinem Schwiegervater, dem verstorbenen Howard Zinn, die damals das gesamte Manuskript gelesen und ihre scharfsinnigen Beobachtungen mit mir geteilt haben. Mein Dank geht auch an Alan Wallace, Arthur Zajonc, Doug Tanner und Richard Davidson sowie an Will Kabat-Zinn und Myla Kabat-Zinn, die Teile des Manuskripts gelesen und mir ihre klugen Ratschläge und Rückmeldungen gegeben haben. Ich danke auch dem ursprünglichen Verleger Bob Miller und dem ursprünglichen Lektor Will Schwalbe, die beide nun bei Flatiron Books arbeiten, für ihre Unterstützung und Freundschaft, damals wie heute.

Tiefe und ganz besondere Wertschätzung und Dankbarkeit an die Lektorin des ersten Bandes, Michelle Howry, Cheflektorin bei Hachette Books, die das Format der ganzen Reihe gestalten half und der ich mich verpflichtet fühle; an Lauren Hummel für viele entscheidende Schritte, die das Gelingen sicherten und die diversen herumschwirrenden Teile dieses Projekts auf gekonnte Weise zusammenhielten; und an das ganze Team bei Hachette, das bei dieser Reihe so effizient zusammenarbeitete. Tiefe Wertschätzung gleichfalls an Mauro DiPreta, Vizepräsident und Verleger von Hachette Books, der einsprang und die letzten drei Bände lektorierte, als Michelle eine neue Stelle antrat.

Auch wenn ich viel Unterstützung, Ermutigung und Rat von vielen Seiten bekommen habe, gehen natürlich jedwede Ungenauigkeiten oder Versäumnisse allein auf mein Konto.

Ich möchte anhaltende Dankbarkeit und Respekt all meinen lehrenden Kollegen in Vergangenheit und Gegenwart der „Stress Reduction Clinic" und des „Center for Mindfulness" bekunden, wie auch den aktuellen Lehrern und Forschern, die dem globalen Netzwerk der Tochter-Institutionen des CFM angehören. Alle haben im weitesten Sinne ihr Leben und ihre Leidenschaft dieser Arbeit gewidmet. Zur Entstehungszeit des ursprünglichen Buches unterrichteten an der „Stress Reduction Clinic" zu verschiedenen Zeiten folgende Lehrer: Saki Santorelli, Melissa Blacker, Florence Meleo-Meyer, Elana Rosenbaum, Ferris Buck Urbanowski, Pamela Erdmann, Fernando de Torrijos, James Carmody, Danielle Levi Alvares, George Mumford, Diana Kamila, Peggy Roggenbuck-Gillespie, Debbie Beck, Zayda Vallejo, Barbara Stone, Trudy Goodman, Meg Chang, Larry Rosenberg, Kasey Carmichael, Franz Moekel, die verstorbene Ulli Kesper-Grossman, Maddy Klein, Ann Soulet, Joseph Koppel, die verstorbene Karen Ryder, Anna Klegon, Larry Pelz, Adi Bemak, Paul Galvin und David Spound.

2018 gehen meine Bewunderung und meine Dankbarkeit an die derzeitigen Lehrer am „Center for Mindfulness" und in den angeschlossenen Programmen: Florence Meleo-Meyer, Lynn Koerbel, Elana Rosenbaum, Carolyn West, Bob Stahl, Meg

Chang, Zayda Vallejo, Brenda Fingold, Dianne Horgan, Judson Brewer, Margaret Fletcher, Patti Holland, Rebecca Eldridge, Ted Meissner, Anne Twohig, Ana Arrabe, Beth Mulligan, Bonita Jones, Carola Garcia, Gustavo Diex, Beatriz Rodriguez, Melissa Tefft, Janet Solyntjes, Rob Smith, Jacob Piet, Claude Maskens, Charlotte Borch-Jacobsen, Christiane Wolf, Kate Mitcheom, Bob Linscott, Laurence Magro, Jim Colosi, Julie Nason, Lone Overby Fjorback, Dawn MacDonald, Leslie Smith Frank, Ruth Folchman, Colleen Camenisch, Robin Boudette, Eowyn Ahlstrom, Erin Woo, Franco Cuccio, Geneviève Hamelet, Gwenola Herbette und Ruth Whitall. Florence Meleo-Meyer und Lynn Koerbel sind herausragende Leiterinnen und Förderinnen des globalen Netzwerks von Lehrern am CFM.

Meine tiefste Wertschätzung an alle, die auf so unterschiedliche Art so entscheidend in der Verwaltung der MBSR-Klinik und des „Center For Mindfulness in Medicine, Health Care and Society" ihren Beitrag geleistet haben, und für ihre klinische und Forschungsarbeit von Anfang an: Norma Rosiello, Kathy Brady, Brian Tucker, Anne Skillings, Tim Light, Jean Baril, Leslie Lynch, Carol Lewis, Leigh Emery, Rafaela Morales, Roberta Lewis, Jen Gigliotti, Sylvia Ciario, Betty Flodin, Diane Spinney, Carol Hester, Carol Mento, Olivia Hobletzell, die verstorbene Narina Hendry, Marlene Samuelson, Janet Parks, Michael Bratt, Marc Cohen und Ellen Wingard; und für die aktuelle Ära, die auf der robusten Grundlage stattfindet, die unter Leitung von Saki Santorelli im Laufe von siebzehn Jahren entwickelt wurde, erweise ich meinen Dank den gegenwärtigen Leitern Judson Brewer, Dianne Horgan, Florence Meleo-Meyer und Lynn Koerbel, die auf unglaubliche Weise von Jean Baril, Jacqueline Clark, Tony Maciag, Ted Meissner, Jessica Novia, Maureen Titus, Beverly Walton, Ashley Gladden, Lynne Litizzio, Nicole Rocijewicz und Jean Welker unterstützt werden. Und eine tiefe Verbeugung vor

Judson Brewer, M.D., Ph.D., die 2017 an der „Medical School" der Medizinischen Fakultät der Universität von Massachusetts Gründungsdirektorin der „Abteilung für Achtsamkeit" wurde – der ersten „Abteilung für Achtsamkeit" an einer medizinischen Ausbildungsstätte weltweit! Dies ist zweifellos Zeichen einer Zeitenwende und verspricht einiges für die Zukunft.

Was die Forschungsarbeit des CFM im Jahre 2018 angeht, so habe ich starke Wertschätzung für die Breite und Tiefe der Arbeit folgender Personen: Judson Brewer, Remko van Lutterveld, Prasanta Pal, Michael Datko, Andrea Ruf, Susan Druker, Ariel Beccia, Alexandra Roy, Hanif Benoit, Danny Theisen und Carolyn Neal.

Zum Schluss möchte ich auch den Tausenden von Menschen überall auf der Welt meinen Dank und Respekt ausdrücken, die achtsamkeitsbasierte Ansätze erforschen oder praktizieren: in Medizin, Psychiatrie, Psychologie, Gesundheitsvorsorge, Bildungswesen, Justiz, Sozialrecht, Flüchtlingsarbeit angesichts von Traumatisierung und Genozid (wie in Süd-Darfur), in Geburtshilfe und Erziehung, am Arbeitsplatz, in Regierung und Verwaltung, in Gefängnissen und anderen gesellschaftlichen Bereichen; Menschen, die sorgfältig darauf achten, dabei den Dharma in seiner universalen Tiefe und Schönheit zu achten. Ihr wisst, wer ihr seid, auch wenn ihr hier nicht namentlich aufgeführt sein solltet! Falls nicht, liegt das nur an meiner eigenen Unzulänglichkeit und am beschränkten Platz. Ausdrücklich würdigen möchte ich die Arbeit von Paula Andrea Ramirez Diazgranados in Kolumbien und Süd-Darfur; Hui Qi Tong in den USA und China; Kevin Fong, Roy Te Chung Chen, Tzungkuen Wen, Helen Ma, Jin Mei Hu und Shih Shih Ming in China, Taiwan und Hongkong; Heyoung Ahn in Korea; Junko Bickel und Teruro Shiina in Japan; Leena Pennenen in Finnland; Simon Whitesman und Linda Kantor in Südafrika; Claude Maskens, Gwenola Herbette, Edel

Max, Caroline Lesire und Ilios Kotsou in Belgien; Jean-Gérard Bloch, Geneviève Hamelet, Marie-Ange Pratili und Charlotte Borch-Jacobsen in Frankreich; Katherine Bonus, Trish Magyari, Erica Sibinga, David Kearney, Kurt Hoelting, Carolyn McManus, Mike Brumage, Maureenj Strafford, Amy Gross, Rhonda Magee, George Mumford, Carl Fulwiler, Maria Kluge, Mick Krasner Trish Luck, Bernice Todres, Ron Epstein und der Abgeordnete Tim Ryan in den USA; Paul Grossman, Maria Kluge, Sylvia Wiesman-Fiscalini, Linda Hehrhaupt und Petra Meibert in Deutschland; Joke Hellemans, Johan Tinge und Anna Speckens in Holland; Beatrice Heller und Regula Saner in der Schweiz; Rebecca Crane, Willem Kuyken, John Teasdale, Mark Williams, Chris Cullen, Richard Burnett, Jamie Bristow, Trish Bartley, Stewart Mercer, Chris Ruane, Richard Layard, Guiaume Hung und Ahn Nguyen in Großbritannien; Zindel Segal und Norm Farb in Kanada; Gabor Fasekas in Ungarn; Macchi dela Vega in Argentinien; Johan Bergstad, Anita Olsson, Angeli Holmstedt, Ola Schenström und Camilla Sköld in Schweden; Andries Kroese in Norwegen; Jakob Piet und Lone Overby Fjorback in Dänemark; und Franco Cuccio in Italien. Möge eure Arbeit weiterhin die erreichen, die sie am nötigsten brauchen; berühren, erhellen und stärken, was in uns das Tiefste und Beste ist, und so, in vielen kleinen und großen Schritten, zur Heilung und Transformation, die die Menschheit so dringend braucht und ersehnt, beitragen.

Literatur

Achtsamkeitsmeditation

Amaro, Bhikkhu, *Small Boat, Great Mountain: Theravadan Reflections on the Natural Great Perfection.* Abhayagiri Monastic Foundation, Redwood Valley, CA, 2003 (2: 2012).

Analayo, Bhikkhu, *Early Buddhist Meditation Studies.* Barre, MA: Barre Center for Buddhist Studies, 2017.

Analayo, Bhikkhu, *Mindfully Facing Disease and Death: Compassionate Advice from Early Buddhist Texts.* Campbridge: Windhorse Publ., 2016.

Analayo, Bhikkhu. *Der direkte Weg – Satipatthana.* Stammbach: Beyerlein und Steinschulte, 2010 (orig. ders., *Satipatthana: The direct path to realization.* Cambridge: Windhorse Publ., 2004).

Armstrong, Guy, *Emptiness: A Practical Guide for Meditators.* Somerville, MA: Wisdom Publ., 2017.

Beck, Charlotte Joko, *Einfach Zen.* Berlin: Edition Steinrich 2011 (orig. dies., Nothing Special: Living Zen. San Francisco, CA: HarperCollins, 1993).

Buswell, Robert E. (Übers.), *Tracing Back the Radiance: Chinul's Korean Way of Zen.* Honolulu: Kuroda Institute, U of Hawaii Press, 1991.

Goldstein, Joseph, *Mindfulness: A practical guide to awakening.* Boulder, CO: Sounds True Inc., 2013.

Goldstein, Joseph, *Ein Dharma. Buddhismus im Alltag.* München: Goldmann, 2004 (orig. ders., *One Dharma: The Emerging Western Buddhism.* San Francisco: HarperCollins, 2002).

Goldstein, Joseph und Kornfield, Jack, *Einsicht durch Meditation: die Achtsamkeit des Herzens – buddhistische Einsichts-Meditation für westliche Menschen.* Bern: Scherz Verlag, 1989 (orig. dies., *Seeking the heart of wisdom: The path of insight meditation.* Boston, MA: Shambhala Publ., 3: 2001).

Goldstein, Joseph und Kornfield, Jack, *Einsicht durch Meditation: die Achtsamkeit des Herzens – buddhistische Einsichts-Meditation für westliche Menschen.* Freiamt: Arbor, 2006 (orig. dies., *Seeking the heart of wisdom: The path of insight meditation.* Boston, MA: Shambhala Publ., 3: 2001).

Gunaratana, Banthe Henepola, *Die Praxis der Achtsamkeit: Eine Einführung in die Vipassana-Meditation.* Heidelberg: Werner Kristkeitz Verlag, 1996 (orig. ders., *Mindfulness in Plain English.* Somerville, MA: Wisdom Press, 1991, Neuaufl. 2017).

Kapleau, Philip, *Die drei Pfeiler des Zen. Lehre – Übung – Erleuchtung.* München: O. W. Barth Verlag, 2012 (orig. ders., *The Three Pillars of Zen: Teaching, Practice, and Enlightenment.* New York, NY: Random House, 1965, 2000).

Krishnamurti, Jiddu, *Das Licht in dir. Über die wahre Meditation.* München: Econ-Taschenbuch-Verlag, 2000 (orig. ders., *This Light in Oneself. True Meditation.* Boston, MA: Shambhala Publ., 1999).

Levine, Stephen, *Schritte zum Erwachen: Meditation der Achtsamkeit.* Reinbek bei Hamburg: Rowohlt Verlag, 1997 (orig. ders., *A Gradual Awakening.* Garden City, NY: Anchor/Doubleday, 1979).

Mingyur, Yongey Rinpoche, *Heitere Weisheit: Wandel annehmen und innere Freiheit finden.* München: Goldmann, 2009 (orig. ders., *Joyful Wisdom: Embracing Change and Finding Freedom.* New York, NY: Harmony Books, 2009).

Nhat Hanh, Thich, *Das Herz von Buddhas Lehre: Leiden verwandeln – die Praxis des glücklichen Lebens.* Freiburg: Herder Verlag, 1999 (orig. ders., *The Heart of the Buddha's Teachings.* New York, NY: Broadway, 1998).

Nhat Hanh, Thich, *Einfach lieben*. München: O.W. Barth Verlag, 2016 (orig. ders., *How to Love.* O.O.: Ebury Publishing, 2015).

Nhat Hanh, Thich, *Einfach sitzen*. München: O.W. Barth Verlag, 2016 (orig. ders., *How to sit.* London: Rider Books, 2016).

Nhat Hanh, Thich, *Das Wunder der Achtsamkeit: Einführung in die Meditation.* Zürich: Theseus Verlag 1988. Neu bearb. von Karen Siebert. Stuttgart: Theseus Verlag, 2008 (orig. ders., *The Miracle of mindfulness: An introduction to the practice of meditation.* Boston, MA: Beacon Press, 1976, Neuaufl. 1999).

Ricard, Matthieu, *Glück.* München: Nymphenburger Verlag, 2007 (orig. ders., *Plaidoyer pour le bonheur.* Paris: NiL Éditions, 2003).

Ricard, Matthieu, *Meditation.* München: Knaur Verlag, 2009 (orig. ders., *L'art de la Meditation.* Paris: NiL Éditions, 2008).

Rosenberg, Larry, *Mit jedem Atemzug. Buddhas Weg zu Achtsamkeit und Einsicht.* Freiamt: Arbor Verlag, 2002 (orig. ders., *Breath by Breath. The Liberating Practice of Insight Meditation.* Boston, MA: Shambhala Publ., 1998).

Rosenberg, Larry (mit David Guy), *Living in the Light of Death. On the Art of Being Truly Alive.* Boston: Shambhala Publ., 2000.

Rosenberg, Larry, *Atembewusstheit und Meditation: achtsam in jedem Augenblick.* Oberstdorf: Windpferd Verlag, 2015 (orig. ders., *Three Steps to Awakening: A Practice for Bringing Mindfulness to Life.* Boston, MA: Shambhala Publ., 2013).

Salzberg, Sharon, *Metta-Meditation: Buddhas revolutionärer Weg zum Glück; geborgen im Sein.* Freiamt: Arbor Verlag, 2003 (orig. dies., *Lovingkindness: the revolutionary art of happiness.* Boston, MA: Shambhala Publ., 1995).

Salzberg, Sharon, *Wahre Liebe: der buddhistische Weg, mit sich selbst und anderen glücklich zu leben.* München: O. W. Barth Verlag, 2017 (orig. dies., *Real Love: The Art of Mindful Connection.* New York, NY: Flatiron Books, 2017).

Shengyan, Chang (mit Dan Stevenson), *Hoofprint of the Ox. Principles of the Chan Buddhist Path as Thaught by a Modern Chinese Master.* Oxford und New York, NY: Oxford University Press, 2001.

Soeng, Mu, *The Heart of the Universe: Exploring the Heart Sutra.* Somerville, MA: Wisdom Publ., 2010.

Soeng, Mu, *Trust in Mind: The Rebellion of Chinese Zen.* Boston, MA: Wisdom Publ., 2004.

Sumedho, Bhikku, *The Mind and the Way: Buddhist Reflections on Life.* Boston, MA: Wisdom Publ., 1995.

Suzuki, Shunryū: *Zen-Geist, Anfänger-Geist: Unterweisungen in Zen-Meditation.* Freiburg: Herder Verlag, 2009 (Orig. ders.: *Zen Mind, Beginner's Mind.* New York, NY: Weatherhill, 1970, Neuauflage Boston, MA: Shambhala Publ., 2011).

Thera, Nyanaponika, *Satipatthāna: The Heart of Buddhist Meditation.* Colombo: Word of the Buddha, 1956. Auch: San Francisco: Red Wheel/Weiser, 1962, 2014.

Treleaven, David, *Traumasensitive Achtsamkeit: Posttraumatischen Stress erkennen und verhindern, Sicherheit und Stabilität vermitteln.* Freiburg: Arbor Verlag, 2019 (orig. ders., *Trauma-sensitive mindfulness. Practices for safe and transformative healing.* New York, NY: W.W. Norton & Comp. Inc., 2018).

Tulku Urgyen Rinpoche, *Regenbogenbilder: Aspekte der Dzogchenpraxis.* Freiamt: Arbor Verlag, 2003 (orig. ders., *Rainbow Painting.* Boudhanath: Rangjung Yeshe, 1995).

MBSR

Brandsma, Rob, *The Mindfulness Teaching Guide: Essential Skills and Competencies for Teaching Mindfulness-Based Interventions.* Oakland, CA: New Harbinger, 2017.

Kabat-Zinn, Jon, *Gesund durch Meditation: das große Buch der Selbstheilung.* Bern: O. W. Barth-Verlag 1991. TB-Ausgabe Frankfurt a.M.: Fischer Taschenbuch Verlag, 2006. Vollst. überarb. Aufl. München: Knaur-Verlag 2013) (orig. ders., *Full Catastrophe Living: Using the Wisdom of Your Body and Mind to Face Stress, Pain, and Illness.* New York: Dell Publishing, 1991, revised ed. New York, NY: Bantam Books, 2013).

Lehrhaupt, Linda, und Meibert, Petra, *Stress bewältigen mit Achtsamkeit. Zu innerer Ruhe kommen durch MBSR.* München: Kösel Verlag, 2010.

Mulligan, Beth Ann, *Das Herz der Achtsamkeit: Die buddhistischen Wurzeln von MBSR.* Freiburg: Arbor Verlag, 2019 (orig. dies., *The Dharma of modern mindfulness: Discovering the Buddhist Teachings at the Heart of Mindfulness Based Stress Reduction.* Oakland, CA: New Harbinger Press, 2017).

Rosenbaum, Elana, *The Heart of Mindfulness-Based Stress Reduction: An MBSR Guide for Clinicians and Clients.* Eau Claire, WI: Pesi Publishing, 2017.

Santorelli, Saki, *Zerbrochen und doch ganz: die heilende Karft der Achtsamkeit.* Freiamt: Arbor Verlag, 2000 (orig. ders., *Heal thy self: Lessons on mindfulness in medicine.* New York, NY: Harmony/Bell Tower, 2000).

Stahl, Bob und Goldstein, Elisha, *Stressbewältigung durch Achtsamkeit: das MBSR-Praxisbuch.* Freiburg: Arbor Verlag, 2010 (orig. dies., *A mindfulness-based stress reduction workbook.* Oakland, CA: New Harbinger Press, 2010).

Stahl, Bob, Meleo-Meyer, Florence und Koerbel, Lynn, *A Mindfulness-Based Stress Reduction Workbook for Anxiety.* Oakland, CA: New Harbinger Press, 2010.

Achtsamkeitspraxis und Meditation allgemein

Bardacke, Nancy, *Der achtsame Weg durch Schwangerschaft und Geburt.* Freiburg: Arbor Verlag, 2013 (orig. dies., *Mindful birthing: Training the mind, body and heart for childbirth and beyond.* New York, NY: Harper Collins (HarperOne), 2012).

Bartley, Trish, *Mindfulness: A Kindly Approach to Being With Cancer.* Chichester: Wiley-Blackwell, 2016.

Bartley, Trish, *Mindfulness-Based Cognitive Therapy for Cancer.* Chichester: Wiley-Blackwell, 2012.

Bays, Jan Chozen, *Achtsam essen: vergiss alle Diäten und entdecke die Weisheit deines Körpers.* Freiburg: Arbor Verlag, 2. Auflage 2014 (orig. ders., *Mindful eating: A guide to rediscovering a healthy and joyful relationship with food.* Boston, MA: Shambala Publ., 2009).

Bays, Jan Chozen, *Achtsamkeit on the Go. Leichte Meditationen für unterwegs.* Oberstdorf: Windpferd Verlag, 2011, 2016 (orig. ders., *Mindfulness on the Go. Simple Meditation Practices You Can Do Anywhere.* Boston, MA: Shambhala Publ., 2011, 2014).

Biegel, Gina, *The Stress Reduction Workbook for Teens: Mindfulness Skills to Help You Deal with Stress.* Oakland, CA: Instant Help Books, 2009. Neu aufgel. ebd.: New Harbinger Publ., 2010, 2017.

Brantley, Jeffrey, *Der Angst den Schrecken nehmen: Achtsamkeit als Weg zur Befreiung von Ängsten.* Freiamt: Arbor Verlag, 2006, 2015 (orig. ders., *Calming Your Anxious Mind: How Mindfulness and Compassion Can Free You from Anxiety, Fear, and Panic.* New Harbinger, Oakland, CA, 2003).

Brewer, Judson, *Das gierige Gehirn: Der achtsame Weg, Alltagssüchte loszuwerden.* München: Kösel Verlag, 2018 (orig. ders., *The Craving Mind: From Cigarettes to Smartphones to Love – Why We Get Hooked and How We Can Break Bad Habits.* New Haven, MA: Yale University Press, 2017).

Brown, Kirk, Creswell, David und Ryan, Richard (Hg.), *Handbook of Mindfulness.* New York, NY: Guilford Press, 2015.

Carlson, Linda, und Speca, Michael, *Krebs bewältigen mit Achtsamkeit. Wie Ihnen MBSR hilft, das Leben zurückzugewinnen.* Bern: Huber, 2012 (orig. dies., *Mindfulness-Based Cancer Recovery.* Oakland, CA: New Harbinger Press, 2015).

Cullen, Margaret und Pons, Gonzalo, *The Mindfulness-Based Emotional Balance Workbook.* Oakland, CA: New Harbinger, 2015.

Epstein, Mark, *Gedanken ohne den Denker. Das Wechselspiel von Buddhismus und Psychotherapie.* Frankfurt a.M.: Krüger Verlag, 1996. Neu aufgel. Frankfurt a.M.: Fischer Taschenbuch-Verlag, 2000 (orig. ders., *Thoughts Without a Thinker.* New York: Basic Books, 1995).

Epstein, Ronald, *Attending: Medicine, Mindfulness, and Humanity.* New York, NY: Scribner, 2017.

Germer, Christopher und Salzberg, Sharon, *Der achtsame Weg zum Selbstmitgefühl: Wie man sich von destruktiven Gedanken und Gefühlen befreit.* Freiburg: Arbor Verlag, 2017 (orig. ders., *The mindful path to self-compassion.* New York: Guilford Press, 2009).

Goleman, Daniel, *Destructive emotions.* New York, NY: Bantam Books, 2003.

Goleman, Daniel und Davidson, Richard, *Altered Traits: Science Reveals How Meditation Changes Your Mind, Brain, and Body.* New York, NY: Avery/Random House, 2017.

Gunaratana, Banthe Henepola, *Die Praxis der Achtsamkeit: Eine Einführung in die Vipassana-Meditation.* Heidelberg: Werner Kristkeitz Verlag, 1996 (orig. ders., *Mindfulness in Plain English.* Somerville, MA: Wisdom Press, 1991, 2017).

Harris, Nadine, *The Deepest Well: Healing the Long-term Effects of Childhood Adversity.* Boston, MA: Houghton Mifflin Harcourt, 2018. (Hörbuch)

Jennings, Patricia, *Achtsamkeit im Klassenzimmer: Mit einfachen Strategien eine gute Lernatmosphäre schaffen.* Freiburg: Arbor Verlag, 2017 (orig. dies., *Mindfulness for teachers: simple skills for peace and productivity in the classroom.* New York, NY: W.W. Norton & Comp. Inc., 2015).

Jones, Allan, *Beyond Vision: Going Blind, Inner Seeing, and the Nature of the Self.* Montreal: McGill-Queen's University Press, 2018.

Kaiser Greenland, Susan, *Achtsame Spiele: Achtsamkeit und Meditation mit Kindern, Jugendlichen und Familien – Mit 60 spielerischen Achtsamkeitsübungen.* Freiburg: Arbor Verlag, 2018 (orig. dies. *Mindful Games: Sharing Mindfulness and Games with Children, Teens, and Families.* Boulder, CO: Shambhala Publ., 2016).

Kaiser Greenland, Susan, *Wache Kinder: Wie wir unseren Kindern helfen, mit Stress umzugehen und Glück, Freude und Mitgefühl zu erleben.* Freiburg: Arbor Verlag, 2011 (orig. dies., *The Mindful Child: how to help your kid manage stress and become happier, kinder, and more compassionate.* New York: Free Press (Simon & Schuster), 2010).

Kaufman, Keith, Glass, Carol und Pineau, Timothy, *Mindful Sport Performance Enhancement: Mental Training for Athletes and Coaches.* Washington, DC: American Psychological Association (APA), 2017, 2018.

McCown, Donald, Reibel, Diane und Micozzi, Marc (Hg.), *Resources for Teaching Mindfulness: An International Handbook.* New York, NY: Springer International Publ., 2016.

McCown, Donald, Reibel, Diane und Micozzi, Marc, *Achtsamkeit lehren. Ein Praxisleitfaden für Therapeuten, Ärzte und Kursleiter.*

Freiamt: Arbor Verlag, 2011 (orig. dies., *Teaching Mindfulness. A Practical Guide for Clinicians and Educators.* New York, NY: Springer International Publ., 2010).

McManus, Carolyn, *Group Wellness Programs for Chronic Pain and Disease Management.* St. Louis, MO: Butterworth-Heinemann, 2003.

Mumford, George, *The Mindful Athlete: Secrets to Pure Performance.* Berkeley, CA: Parallax Press, 2015.

Penman, Daniel, *Ich atme ein, ich atme aus: Das Geheimnis der Achtsamkeit.* München: Kösel Verlag, 2017 (orig. ders., The Art of Breathing. Newsburyport, MA: Conary Press, 2016, 2018).

Rechtschaffen, Daniel, *Die achtsame Schule: Achtsamkeit als Weg zu mehr Wohlbefinden für Lehrer und Schüler.* Freiburg: Arbor Verlag, 2016 (orig. ders., *The Way of Mindful Education, Cultivating Well-Being in Teachers and Students.* New York, NY: W.W. Norton & Comp. Inc., 2014).

Rosenbaum, Elana, *Jetzt spüre ich das Leben wieder. Achtsamkeitsübungen bei chronischen Schmerzen, Krebs und anderen schweren Erkrankungen.* München: Integral Verlag, 2013 (orig. dies., *Being Well (even when you are sick).* Boston, MA und London: Shambhala Press, 2012).

Rosenbaum, Eleana, *Here for Now: Living Well with Cancer Through Mindfulness.* Hardwick, MA: Satya House Publ., 2005, 2007.

Segal, Zindel, Williams, Mark und Teasdale, John, *Die achtsamkeitsbasierte kognitive Therapie der Depression: Ein neuer Ansatz zur Rückfallprävention.* Tübingen: dgvt-Verlag, 2008 (orig. dies., *Mindfulness-based cognitive therapy for depression. A new approach to preventing relapse.* New York: Guilford Press, 2002).

Segal, Zindel, Williams, Mark und Teasdale, John, *Das MBCT-Arbeitsbuch: ein 8-Wochen-Programm zur Selbstbefreiung von Depressionen und emotionalem Stress. Inklusive MP3-CD mit Achtsamkeitsübungen.* Freiburg: Arbor Verlag, 2015. (orig. dies.: *The Mindful*

Way Workbook: An 8-Week Program to Free Yourself from Depression and Emotional Distress. New York: Guilford Press, 2014).

Tolle, Eckhart, *Jetzt! Die Kraft der Gegenwart: Ein Leitfaden zum spirituellen Erwachen.* Bielefeld: Kamphausen Verlag, 2000 (orig. ders., *The Power of now: a guide to spiritual enlightenment.* Vancouver: Namaste Publ., 1997).

Wallace, B.Allan, *Tibetan Buddhism from the Ground Up.* Somerville, MA: Wisdom Publ., 1993.

Williams, Angel Kyodo, Owens, R. und Syedullah, J., *Radical Dharma: Talking Race, Love, and Liberation.* Berkeley, CA: North Atlantic Books, 2016.

Williams, Mark, Teasdale, John, Segal, Zindel und Kabat-Zinn, Jon, *Der achtsame Weg durch die Depression.* Freiburg: Arbor Verlag, 2009, 4. Aufl. 2013 (orig. dies., *The Mindful Way Through Depression: Freeing Yourself from Chronic Unhappiness.* New York, NY: Guilford Press, 2007).

Williams, Mark und Penman, Danny, *Meditation im Alltag: Gelassenheit finden in einer hektischen Welt.* München: Arkana, 2011. Neu hg. als: Dies., *Das Achtsamkeitstraining: 20 Minuten täglich, die Ihr Leben verändern.* München: Goldmann, 2015 (orig. dies., *Mindfulness: A practical guide to finding peace in a frantic world.* London: Piatkus, 2011).

Yang, Larry, *Awakening Together: The Spiritual Practice of Inclusivity and Community.* Somerville, MA: Wisdom Publ., 2017.

Heilung

Doidge, Norman, *Wie das Gehirn heilt: Neueste Erkenntnisse aus der Neurowissenschaft.* Frankfurt a.M.: Campus Verlag, 2015 (orig. ders., *The Brain's Way of Healing: Remarkable Discoveries and Recoveries from the Frontiers of Neuroplasticity.* New York, NY: Penguin Random House, 2016).

Goleman, Daniel, *Die heilende Kraft der Gefühle. Gespräche mit dem Dalai Lama über Achtsamkeit, Emotion und Gesundheit.* München: dtv, 2000 (orig. ders., *Healing Emotions. Conversations with the Dalai Lama on Mindfulness, Emotions, and Health.* Boston, MA: Shambhala Publ., 1997).

Kolk, Bessel van der, *Verkörperter Schrecken, Traumaspuren in Gehirn, Geist und Körper und wie wir sie heilen können.* Lichtenau:-Probst-Verlag, 2015 (orig. ders., *The Body Keeps the Score. Brain, Mind, and Body in the Healing of Trauma.* New York, NY: Random House, 2014.

Moyers, Bill, *Die Kunst des Heilens: Vom Einfluss der Psyche auf die Gesundheit.* München: Artemis & Winkler, 1994 (orig. ders., *Healing and the Mind.* New York, NY: Doubleday, 1993).

Ornish, Dean, *Die revolutionäre Therapie: Heilen mit Liebe: schwere Krankheiten ohne Medikamente überwinden.* München: Mosaik Verlag, 1999 (orig. ders., *Love and Survival: The Scientific Basis for the Healing Power of Intimacy.* New York, NY: HaperCollins, 1998).

Remen, Rachel, *Dem Leben vertrauen: Geschichten, die gut tun.* Freiburg: Arbor Verlag, 2013, 2016 (orig. dies., *Kitchen table wisdom: Stories that Heal.* New York, NY: Riverhead Press, 1997.

Siegel, Daniel und Payne Bryson, Tina, *Das achtsame Gehirn*. Freiburg: Arbor Verlag, 2007 (4: 2014) (orig. dies., *The mindful brain: reflection and attunement in the cultivation of well-being*. New York: W.W. Norton & Comp. Inc., 2007).

Simmons, Philip, *Learning to Fall: The Blessings of an Imperfect Life.* New York, NY: Bantam Books, 2002.

Lyrik

Eliot, T. S., *Vier Quartette.* Wien: Amandus-Edition, 1948 (orig. ders., *Four Quartets.* New York, NY: Harcourt Brace, 1943, 1977; London: Faber and Faber, 1944).

Hanshan, *Gedichte vom Kalten Berg. Das Lob des Lebens im Geist des Zen.* Freiburg: Arbor Verlag, 2001.

Laotse, *Tao-te-king. Eine zeitgemäße Version für westliche Leser. Vorwort und Kommentar von Stephen Mitchell.* München: Goldmann Verlag, 2003 (orig. ders., *Lao-tzu's Tao Te Ching.* New York: HarperCollins, 1988).

Oliver, Mary, *New and Selected Poems.* Boston, MA: Beacon Press, 1992.

Whyte, David, *The Heart Aroused. Poetry and the Preservation of the Soul in Corporate America.* New York: Doubleday, 1994.

Weitere Literatur zum Thema

Abram, David, *Im Bann der sinnlichen Natur – die Kunst der Wahrnehmung und die mehr-als-menschliche Welt.* Klein Jasedow: Think Oya, 2012 (orig. ders., The Spell of the Sensuous. Perception and Language in a More-Than-Human World. New York, NY: Pantheon, 1996).

Ackerman, Diane, *Die schöne Macht der Sinne: eine Kulturgeschichte.* München: Kindler Verlag, 1991 (orig. dies., *Natural History of the Senses.* New York, NY: Vintage Press, 1990).

Blackburn, Elizabeth und Epel, Elissa, *Die Entschlüsselung des Alterns. Der Telomer-Effekt.* München: Mosaik Verlag, 2017 (orig. dies., *The Telomere Effect: A Revolutionary Approach to Living Younger, Healthier, Longer.* New York, NY: Grand Central Publ., 2017).

Bohm, David, *Die implizite Ordnung: Grundlagen eines dynamischen Holismus.* München: Dianus-Trikont-Buchverlag, 1985 (orig. ders., *Wholeness and the Implicate Order.* London: Routledge and Kegan Paul, 1980).

Bryson, Bill, *Eine kurze Geschichte von fast allem.* München: Goldmann Verlag, 2004 (orig. ders., *A Short History of Nearly Everything.* New York, NY: Broadway Books, 2003).

Davidson, Richard und Begley, S., *Warum wir fühlen, wie wir fühlen: Wie die Gehirnstruktur unsere Emotionen bestimmt – und wie wir darauf Einfluss nehmen können.* München: Arkana Verlag, 2012 (orig. dies., *The emotional life of your brain.* New York, NY: Hudson Street Press, 2012).

Glassman, Bernard, *Zeugnis ablegen: Buddhismus als engagiertes Leben.* Berlin: Edition Steinrich, 2012 (orig. ders., *Bearing Witness: A Zen Master's Lessons in Making Peace.* New York, NY: Bell Tower Books, 1998).

Greene, Brian, *Das elegante Universum: Superstrings, verborgene Dimensionen und die Suche nach der Weltformel.* Berlin: Siedler Verlag, 2000 (orig. ders., *The elegant universe.* New York, NY: W.W. Norton & Comp. Inc., 1999).

Harari, Yuval Noah, *Eine kurze Geschichte der Menschheit.* München: Pantheon, 2013 (orig. ders., *A Brief History of Mankind – Kizur Toldot Ha-Enoshut.* Or Jehuda: Kinneret Zmora-Bitan Dvir, 2011).

Hillman, James, *Charakter und Bestimmung: eine Entdeckungsreise zum individuellen Sinn des Lebens.* München: Goldmann Verlag, 1998 (orig. ders., *The Soul's Code: In Search of Character and Calling.* New York, NY: Random House, 1996).

Karr-Morse, Robin und Wiley, Meredith, *Ghosts from the Nursery: Tracing the Roots of Violence.* New York, NY: Atlantic Monthly Press, 1997.

Katie, Byron und Stephen Mitchell, *Ich liebe, was ist: Freiheit finden in einer Welt des Leidens. Mit einer Neuübertragung des Diamant-Sutra.* München: Arkana Verlag, 2017 (orig. dies., *A Mind at Home with Itself.* New York, NY: HarperCollins, 2017).

Kazanjian, Victor und Laurence, Peter (Hg.), *Education as Transformation: religious pluralism, spirituality, and a new vision for higher education in America.* New York, NY: Peter Lang, 2000.

Kurzweil, Ray, *Die Intelligenz der Evolution: wenn Mensch und Computer verschmelzen.* Köln: Verlag Kiepenheuer & Witsch, 2016 (orig. ders., *The Age of Spiritual Machines.* New York, NY: Viking Press, 1999).

Luke, Helen, *Sinn des Alters.* Einsiedeln: Daimon-Verlag, 2001 (orig. dies., *Old Age. Journey into Simplicity.* New York, NY: Parabola, 1987. New York, NY: Bell Tower Press, 2001).

Montague, Ashley, *Körperkontakt. Die Bedeutung der Haut für die Entwicklung des Menschen.* Stuttgart: Klett-Cotta, 1974, 2000 (orig. dies., *Touching: The Human Significance of the Skin.* New York, NY: Harper & Row, 1978).

Palmer, Parker, *The courage to teach: Exploring the inner landscape of a teacher's life.* San Francisco, CA: Jossey-Bass, 1998, 2007.

Pinker, Steven, *Gewalt: eine neue Geschichte der Menschheit.* Frankfurt a.M.: S. Fischer Verlag, 2011 (orig. ders., *The better angels of our nature: why violence has declined.* New York, NY: Penguin Books, 2012).

Pinker, Steven, *Aufklärung jetzt. Für Vernunft, Wissenschaft, Humanismus und Fortschritt. Eine Verteidigung.* Frankfurt a.M.: S. Fischer Verlag, 2018 (orig. ders., *Enlightenment Now. The Case for Reason, Science, Humanism, and Progress.* New York, NY: Random House, 2018).

Pinker, Steven, *Wie das Denken im Kopf entsteht.* München: Kindler Verlag, 1998 (orig. ders., *How the Mind Works.* New York, NY: W.W. Norton & Comp. Inc., 1997).

Revel, Jean-Francois und Ricard, Matthieu, *Der Mönch und der Philosoph: Buddhismus und Abendland: Ein Dialog zwischen Vater und Sohn.* Köln: Kiepenheuer und Witsch, 1999 (orig. dies. *Le moine et le philosophe.* Paris: NiL Édition, 1997).

Ricard, Matthieu, *Allumfassende Nächstenliebe. Altruismus – die Antwort auf die Herausforderungen unserer Zeit.* Hamburg: Edition Blumenau, 2017 (orig. ders., *Plaidoyer pour l'altruisme: la force de la bienveillance.* Paris: NiL Édition, 2013).

Ryan, Tim, *A Mindful Nation: how simple practice can help us reduce stress, improve performance, and recapture the American spirit.* Carlsbad, CA: Hay House Press, 2012.

Sachs, Jeffrey, *The Price of Civilisation. Reawakening American Virtue an Prosperity.* New York, NY: Random House, 2011.

Sacks, Oliver, *Der Mann, der seine Frau mit einem Hut verwechselte.* Reinbek: Rowohlt Verlag, 1987 (orig. ders., *The Man Who Mistook His Wife for a Hat.* New York, NY: Touchstone Books, 1970; überarb. Paperback-Ausg. 1987).

Sacks, Oliver, *Der Strom des Bewusstseins.* Reinbek: Rowohlt Verlag, 2017 (orig. ders., *The River of Consciousness.* New York, NY: Knopf Books, 2017).

Sapolsky, Robert, *Gewalt und Mitgefühl: Die Biologie des menschlichen Verhaltens.* München: Carl Hanser Verlag, 2017 (orig. ders., *Behave: The Biology of Humans at Our Best and Worst.* New York, NY: Penguin Books, 2017).

Schwartz, Jeffrey und Begley, Sharon, *The Mind and the Brain: Neuroplasticity and the Power of Mental Force.* New York, NY: Regan Books / HarperCollins, 2002.

Singh, Simon, *Fermats letzter Satz: die abenteuerliche Geschichte eines mathematischen Rätsels.* München: Carl Hanser Verlag, 1998 (orig. ders., *Fermat's Enigma.* New York, NY: Anchor Books, 1997).

Tanahashi, Kazuaki, *The Heart Sutra: A Comprehensive Guide to the Classic of Mahayana Buddhism.* Boulder, CO: Shambhala Publ., 2014, 2016.

Tegmark, Max, *Leben 3.0: Mensch sein im Zeitalter Künstlicher Intelligenz.* Berlin: Ullstein Verlag, 2017 (orig. ders., *Life 3.0: Being Human in the Age of Artificial Intelligence.* New York, NY: Knopf Books, 2017).

Tegmark, Max, *Unser mathematisches Universum: auf der Suche nach dem Wesen der Wirklichkeit.* Berlin: Ullstein Verlag, 2015 (orig. ders., *The Mathematical Universe: My Quest for the Ultimate Nature of Reality.* New York, NY: Random House, 2014).

Turkle, Sherry, *Verloren unter 100 Freunden: Wie wir in der digitalen Welt seelisch verkümmern.* München: Riemann Verlag, 2012 (org. dies., *Alone Together: Why we Expect More From Technology and Less From Each Other.* New York, NY: Basic Books, 2011).

Turkle, Sherry, *Reclaiming Conversation: The Power of Talk in a Digital Age.* New York, NY: Penguin Random House, 2015.

Varela, Francisco, Thompson, Evan und Rosch, Eleonor, *Der mittlere Weg der Erkenntnis. Die Beziehung von Ich und Welt in der Kognitionswissenschaft – der Brückenschlag zwischen wissenschaftlicher Theorie und menschlicher Erfahrung.* Bern u. a.: Scherz Verlag, 1992 (org. ders., *The Embodied Mind. Cognitive Science and Human Experience.* Cambridge, MA: MIT Press, 1991).

Wright, Robert, *Warum Buddhismus wirkt: Die Wissenschaft und Philosophie von Meditation und Erleuchtung.* München: Lotos Verlag, 2018 (orig. ders., *Why Buddhism Is True: The Science and Philosophy of Meditation and Enlightenment.* New York, NY: Simon & Schuster, 2017).

Internetseiten

www.umassmed.edu/division-mindfulness/
Internetseite des Center for Mindfulness der University of Massachusetts Medical School

www.mindandlife.org
Internetseite des Mind and Life Institute

www.dharma.org
Überblick über Zentren und Zeiten für Vipassanā-Retreats.

Quellenangaben

Die in diesem Band enthaltenen Gedichte und Prosazitate von Poeten und Autoren aus aller Welt wurden (außer im Falle deutschsprachiger Originale) zum größten Teil nach den englischsprachigen Gedichten und Übertragungen in der Originalausgabe übersetzt. Wir haben uns bemüht, alle Rechteinhaberinnen ausfindig zu machen, verlagsüblich zu nennen und ggf. zu honorieren. Sollte uns dies im Einzelfall einmal nicht möglich gewesen sein, werden wir begründete Ansprüche selbstverständlich erfüllen. Zu den Quellen der vom Autor zitierten Texte zählen vor allem die folgenden:

Abram, David, *Im Bann der sinnlichen Natur. Die Kunst der Wahrnehmung und die mehr-als-menschliche Welt,* übersetzt von Matthias Fersterer und Jochen Schilk. Klein Jasedow: thinkOya 2012, S. 80–81. Mit freundlicher Genehmigung.

Franck, Frederick, *Zen in der Kunst des Sehens.* Kreuzlingen und München: Ariston Verlag 1998 (orig. ders.: *The Zen of Seeing: Seeing / Drawing as Meditation.* New York, NY: Vintage Books, 1973).

Goethe, Johann Wolfgang von, *Bedeutende Fördernis durch ein einziges geistreiches Wort.* In: Goethes Werke in zehn Bänden. Bd. 7, Das Alterswerk seit Schillers Tod. 1. Teil. Weimar: Volksverlag, 1958.

Keller, Helen, *Geschichte meines Lebens.* Berlin: Evangelische Verlagsanstalt, 1965.

Murray, William Hutchison, *The Scottish Himalayan Expedition.* London: Dent & Sons, 1951. „Goethes Vers“ meint vermutlich Vers 214–230 des Faust 1 nach einer sehr freien englischen Nachdichtung 1835 durch John Anster.

Oliver, Mary, *The Summer Day.* aus: *New and Selected Poems.* Copyright © 1992 by Mary Oliver. Reprinted with the permission of Beacon Press, Boston. „Lingering in Happiness" from *Why I Wake Early.* Copyright © 2004 by Mary Oliver. Wiedergabe mit freundlicher Genehmigung von Beacon Press, Boston.

Proust, Marcel, *Auf der Suche nach der verlorenen Zeit.* Band 1 – Auf dem Weg zu Swann. Übersetzung von Bernd-Jürgen Fischer. Stuttgart: Philip Reclam jun. 2013, S. 70.

Rilke, Rainer Maria, Das Stundenbuch. Leipzig: Insel-Verlag, 1918, Seite 16–17.

Teasdale, John und Chaskalson, M., *How Does Mindfulness Transform Suffering II: The Transformation of Dukkha.* In: Williams, J. und Kabat-Zinn, J. (Hg.): *Mindfulness: Diverse Perspectives on Its Meaning, Origins, and Applications.* Milton Park: Routledge, 2013.

Timpanelli, Gioia, *Sometimes the Soul: Two Novellas of Sicily.* New York, NY: Yellow Moon Press, 2006.

Wagoner, David, *Lost.* In: Poetry. Juli 1971, S. 219.

Whyte, David, *Sweet Darkness.* In: *Fire in the Earth Poems.* Langley, WA: Many Rivers Press, 1999.

Wright, David, *Mein Lebensweg vom hörenden Knaben zum gehörlosen Mann.* Essen: Gehörlosen-Verlag, 1976 (orig. ders.: *Deafness – a personal account.* London: Lane Publ., 1969).

Yeats, William Butler, Exzerpte aus „Broken Dreams" aus *The Poems of W. B. Yeats: A New Edition,* hg. von Richard J. Finneran. Copyright © 1933 by Macmillan Publishing Company, erneuert © 1961 by Georgie Yeats. Wiedergabe mit freundlicher Genehmigung von Simon & Schuster Adult Publishing.

Über den Autor

Jon Kabat-Zinn, Ph.D., entwickelte das inzwischen weithin bekannte Kursformat MBSR (Mindfulness-Based Stress Reduction) und gründete die Stress Reduction Clinic (1979) sowie das Center for Mindfulness in Medicine, Health Care, and Society (1995) an der University of Massachusetts Medical School. Er ist emeritierter Professor für Medizin und leitet Achtsamkeits-Workshops und Retreats auf der ganzen Welt. Engagiert setzt er sich für soziale und ökonomische Gerechtigkeit ein. Er ist Autor und Co-Autor zahlreicher Bücher, darunter der Bestseller Gesund durch Meditation. Gemeinsam mit seiner Frau Myla Kabat-Zinn verfasste er Mit Kindern wachsen, ein Buch über achtsame Elternschaft. Er lebt in Massachusetts. Die Arbeit von Jon Kabat-Zinn hat zu einer wachsenden Bewegung beigetragen, durch die Achtsamkeit in Institutionen wie Krankenhäusern, Schulen, Unternehmen, Gefängnissen und Profi-Sport-Verbänden angewendet wird. Medizinische Einrichtungen in der ganzen Welt bieten heute Achtsamkeitstraining und MBSR-Kurse an.

Jon Kabat-Zinns Grundlagenwerke zu Wirkung und Praxis der Achtsamkeit:

DIE KOMPLETTE REIHE:

Meditation ist nicht, was Sie denken
Warum Achtsamkeit so wichtig ist
ISBN 978-3-867-81-250-4

Wach werden und unser Leben wirklich leben
Wie wir Achtsamkeit
im Alltag praktizieren
ISBN 978-3-867-81-251-1

Das heilende Potenzial der Achtsamkeit
Eine neue Art, zu sein
ISBN 978-3-867-81-252-8

Achtsamkeit für alle
Weisheit zur
Transformation der Welt
ISBN 978-3-867-81-253-5

Weitere Werke von Jon Kabat-Zinn aus dem Arbor Verlag

Jon Kabat-Zinn

Achtsamkeit für Anfänger

In diesem Buch zeigt uns Jon Kabat-Zinn, wie wir die Praxis der Achtsamkeit in unser Leben integrieren können. Mit seinen begleiteten Übungen und Meditationen bietet *Achtsamkeit für Anfänger* einen Einstieg für all jene, die mit der Achtsamkeitspraxis noch wenig oder gar keine Berührung hatten. Doch auch den Freunden seiner Arbeit und den Teilnehmern von MBSR-Kursen vermag dieses grundlegende Buch ein täglicher Begleiter auf dem Weg der Achtsamkeitspraxis zu sein.

Wer praktisch in die Welt der Achtsamkeit eintauchen will, findet in diesem Einführungsprogramm inklusive geführter Meditationen zum Mithören alles, was er braucht. Das Basiswerk für alle, die sich für Achtsamkeit interessieren.

Achtsamkeit für Anfänger ist seit Jahren eines der meistverkauften Bücher im Arbor Verlag. Es wurde grundlegend überarbeitet, umfangreich erweitert und neu eingesprochen von Lienhard Valentin. Als Geschenk an seine deutschen Leserinnen und Leser spricht Jon Kabat-Zinn die einführende Essmeditation in deutscher Sprache.

ISBN 978-3-86781-100-2

Jon Kabat-Zinn

Das Abenteuer Achtsamkeit

Wie Sie Weisheit für Körper, Geist und Seele entwickeln

Entdecken Sie die Kraft der Achtsamkeit im Alltag.
Achtsamkeit ist weit mehr als eine Übung: Sie ist ein Abenteuer, eine Einladung, jede Minute unseres Daseins bewusst zu leben. Mit viel Humor und Entdeckerfreude stellt Jon Kabat-Zinn verschiedene Aspekte der Achtsamkeit vor und zeigt uns Wege, sie umstandslos in unserem Alltag zu kultivieren.
Dabei lernen wir,

- uns mit allen Sinnen in unserem Leben zu verwurzeln – in jedem Augenblick,
- beruflichen oder privaten Stresssituationen auf neue Weise zu begegnen und auch angesichts schwieriger Erfahrungen im inneren Gleichgewicht zu bleiben,
- die Denkmuster aufzuspüren, die zu Leiden führen, und emotionale Ausgeglichenheit zu kultivieren,
- dass jeder Moment unseres Daseins ein Wendepunkt sein kann – ein verheißungsvolles Tor in eine neue Lebensweise.

Dieses Buch beinhaltet eine schrittweise Anleitung grundlegender Achtsamkeitsübungen. Es basiert auf Jon Kabat-Zinns umfassendstem Audio-Programm zum Thema Achtsamkeit und enthält zwei Audio-CDs (bearbeitet und gesprochen von Lienhard Valentin) mit geführten Meditationen und Yoga-Übungen.

Mit 2 CD's

ISBN 978-3-86781-114-9

Jon Kabat-Zinn & Lienhard Valentin

Stressbewältigung durch die Praxis der Achtsamkeit

Die Praxis der Achtsamkeit ist ein wertvolles Hilfsmittel, uns zu regenerieren und unser inneres Gleichgewicht wiederzufinden. Sie befähigt uns, jeden Augenblick unseres Lebens mit größerer Wachheit, Klarheit und Akzeptanz zu leben, auch inmitten alltäglicher Stresssituationen und im Angesicht körperlicher oder seelischer Schmerzen.

Diese CD mit Begleitheft enthält eine Anleitung zur Achtsamkeitsmeditation und zum Body-Scan, wie sie von Jon Kabat-Zinn in der Stress-Reduction-Clinic entwickelt wurden.

Jon Kabat-Zinn ist Gründer der Stress-Reduction-Clinic, des Instituts für Achtsamkeit in Medizin, Gesundheitsvorsorge und Gesellschaft und Professor emeritus der Medizin an der Universität von Massachusetts. Sein Programm zur Praxis der Achtsamkeit im Gesundheitswesen, kurz MBSR (Mindfulness Based Stress Reduction), wird in den USA seit über 30 Jahren von mittlerweile mehr als 5.000 Ärzten angeboten.

Halbleinenband mit CD

ISBN 978-3-86781-121-7

Jon Kabat-Zinn

Die MBSR-Yogaübungen

Stressbewältigung durch Achtsamkeit

Die Praxis der Achtsamkeit ist ein wertvolles Hilfsmittel, uns zu regenerieren und unser inneres Gleichgewicht wiederzufinden. Sie befähigt uns, jeden Augenblick unseres Lebens mit größerer Wachheit, Klarheit und Akzeptanz zu leben.
Gleichzeitig hilft sie, Ruhe und Lebensfreude, auch inmitten alltäglicher Stresssituationen und im Angesicht seelischer oder körperlicher Schmerzen, wiederzufinden.

Die hier erstmals in deutscher Sprache vorgelegten angeleiteten Yogaübungen sind ein integraler Bestandteil der Stressbewältigungspraxis nach Jon Kabat-Zinn. Diese CD mit Begleitbuch enthält das komplette Set der Originalübungen. Den deutschen Text spricht Heike Born.

Halbleinenband mit CD
ISBN 978-3-86781-033-3

Myla & Jon Kabat-Zinn

Mit Kindern wachsen

Die Praxis der Achtsamkeit in der Familie

Der erfolgreiche Klassiker – jetzt in einer vollständig überarbeiteten Neuausgabe

18 Jahre nach der ersten Auflage von Mit Kindern wachsen haben Myla und Jon Kabat-Zinn ihr Buch grundlegend überarbeitet – dabei aber die Essenz der ursprünglichen Ausgabe bewahrt: dass das Leben mit Kindern ein Weg von ungeahnter Tiefe und Erfüllung sein kann.

Nie zuvor sind die wissenschaftlichen Beweise so unwiderlegbar gewesen, dass die Schulung von Achtsamkeit ausgeprägte positive Effekte für uns selbst und für alle haben kann, mit denen wir zusammenleben. Und nie zuvor ist es für Eltern wichtiger gewesen, diese Veranlagung, die wir alle haben, zu kultivieren – zu Bewusstheit und herzlicher Offenheit für den gegenwärtigen Moment und letztendlich zu größerer Weisheit, wie man ein erfülltes und sinnvolles Leben führen kann.

Die behandelten Themen sind vielfältig und reichen von grundsätzlichen Überlegungen bis hin zu vielen praktischen Beispielen und konkreten Hinweisen für ein harmonisches Leben mit Kindern. Ein wertvoller Ratgeber für alle, die in ihrem Elterndasein neue Wege gehen möchten.

ISBN 978-3-86781-141-5

Mark Williams, Jon Kabat-Zinn et al.

Achtsamkeit

Ihre Wurzeln, ihre Früchte

Achtsamkeitsbasierte Ansätze finden in den Bereichen der Medizin, Psychologie, Neurowissenschaft, Bildung, bei Führungskräften in der Wirtschaft und in anderen wichtigen gesellschaftlichen Institutionen immer mehr Verbreitung. Neue Paradigmen entstehen aus der Begegnung zweier wirkungsvoller und sich gegenseitig fördernder Erkenntnisweisen: der Weisheitstraditionen Asiens und der modernen empirischen Wissenschaft.

Damit die tiefgründige Substanz der meditativen Praxis in diesem Prozess erhalten bleibt, ist ein sehr subtiler Prozess notwendig, der einerseits die Tiefe des Dharma bewahrt und andererseits offen und anpassungsfähig bleibt für die Erfordernisse und Erkenntnisse unserer heutigen Welt.

Vor diesem Hintergrund sind die Beiträge in diesem Buch nicht hoch genug einzuschätzen. Achtsamkeit. Ihre Wurzeln, ihre Früchte ist ein unverzichtbares Werk für Praktizierende und Therapeuten, die die Essenz dieser transformativen Praxis bewahren und sie auf authentische Weise in unsere Gesellschaft tragen wollen.

ISBN 978-3-86781-088-3

Jon Kabat-Zinn

Achtsamkeit und Meditation im täglichen Leben

Jon Kabat-Zinn wendet sich in seinem neuesten Set geführter Meditationen der Weisheit unserer Sinne zu. Praxisnah und leicht anwendbar stehen hier unser Atem, unsere Gedanken, die uns umgebenden Geräusche sowie die sinnliche Präsenz unseres Körpers im Mittelpunkt.

Sechs geführte Meditationen lassen uns zur Besinnung kommen und laden uns ein, im gegenwärtigen Moment anzukommen, uns zu regenerieren und unser inneres Gleichgewicht wiederzufinden. Die hier erstmals vorgestellten Achtsamkeitsmeditationen werden seit vielen Jahren höchst erfolgreich an der Stress Reduction Clinic im Rahmen der Mindfulness-Based Stress Reduction (MBSR) eingesetzt. Zehntausende von Patienten mit Herzbeschwerden, chronischen Schmerzen, Krebs oder anderen schweren, oft unheilbaren Krankheiten profitieren bereits von der heilenden Kraft der Achtsamkeit.

Der deutsche Text wurde von Heike Born bearbeitet und gesprochen.

ISBN 978-3-936855-56-2

Arbor Verlagsprogramm

Mehr von Jon Kabat-Zinn:

Arbor Seminare

Die gemeinnützige *Arbor-Seminare gGmbH* organisiert regelmäßig Seminare und Weiterbildungen mit führenden VertreterInnen achtsamkeitsbasierter Verfahren.
Zudem informiert sie über aktuelle Entwicklungen in diesem Bereich und trägt Achtsamkeit auf diese Weise nachhaltig in die Gesellschaft.
Nähere Informationen finden Sie unter:

www.arbor-seminare.de

Arbor Online-Center

Mit dieser Plattform hat Arbor einen virtuellen Ort der Inspiration und des Lernens rund um das Thema Achtsamkeit geschaffen. Lernen Sie die AutorInnen unserer Bücher und die ReferentInnen unserer Veranstaltungen kennen: in Interviews, Vorträgen, Meditationsübungen, Webinaren, Podcasts sowie Online-Kursen und zahlreichen weiteren Ressourcen.

www.arbor-online-center.de